掌尚文化
尚文化·掌金融

Explorer of Finance

Salute & Discovery

金融探索者·致敬与发现

The Study on Chinese Urban Household Financial Behavior in the Perspective of Household Structure

李雅君 著

家庭结构对中国城镇居民家庭金融行为的影响研究

经济管理出版社
ECONOMY & MANAGEMENT PUBLISHING HOUSE

图书在版编目（CIP）数据

家庭结构对中国城镇居民家庭金融行为的影响研究／李雅君著．—北京：经济管理出版社，2020.8

ISBN 978-7-5096-7296-9

Ⅰ．①家…　Ⅱ．①李…　Ⅲ．①家庭结构—影响—家庭—金融行为—研究—中国
Ⅳ．①F832.4

中国版本图书馆 CIP 数据核字（2020）第 135465 号

组稿编辑：宋　娜
责任编辑：宋　娜　张馨予　杜奕彤
责任印制：黄章平
责任校对：董杉珊

出版发行：经济管理出版社
（北京市海淀区北蜂窝 8 号中雅大厦 A 座 11 层　100038）
网　　址：www. E-mp. com. cn
电　　话：（010）51915602
印　　刷：三河市延风印装有限公司
经　　销：新华书店
开　　本：720mm×1000mm／16
印　　张：11.5
字　　数：201 千字
版　　次：2020 年 8 月第 1 版　　2020 年 8 月第 1 次印刷
书　　号：ISBN 978-7-5096-7296-9
定　　价：98.00 元

前　言

家庭是社会的细胞，很多社会行为都是以家庭为单位实施并实现的。在中国，由于历史与地域文化等，家庭的重要性超过了西方国家。对于大多数中国人而言，“家文化”是流淌在血液中的，人们很多行为选择的标准并不只在于个人的喜怒哀乐、利得利失，还包括对整个家庭的影响。家庭中每个成员之间并不是孤立的，无论是经济还是社会关系彼此都会相互影响，互相之间观念的影响更是渗透到生活中的每个细节。所以，从家庭整体特征出发的中国家庭金融研究是非常具有现实意义的。本书从家庭结构视角来研究中国城镇居民家庭的金融行为，力图更准确地分析中国家庭金融现象背后的影响因素。

本书运用中国城镇居民家庭的微观调查数据，在遵循反映家庭成员关系准则分类的基础上，着眼于代际共居对家庭金融行为的影响，将中国居民家庭分为独代居住家庭、与父母同住家庭、与子女同住家庭以及三代同堂四种家庭结构进行分析。同时，由于与子女同住家庭是近年来我国占比较多的家庭结构之一，也是样本中比例最大的家庭结构，本书对与子女同住家庭进一步分类研究。研究内容包括家庭储蓄、风险资产投资、负债和商业保险投保四种家庭金融行为，对这四种金融行为的测度主要包括是否参与和参与比率两方面。主要结论有以下几点：

第一，独代居住家庭与三种代际共居家庭。在储蓄方面，独代居住家庭的人均存款率和人均储蓄率比代际共居家庭更高，存有储蓄的可能性更高；在风险资产投资方面，独代居住家庭比代际共居家庭的人均投资率和投资可能性更高；在负债方面，相比独代居住家庭，与父母同住家庭和与子女同住家庭更愿意向亲戚朋友借债并且负债程度更高；在商业保险投保方面，三代同堂家庭购买寿险的可能性显著低于独代居住家庭。

第二，三种代际共居的家庭。相比三代同堂家庭，与子女同住家庭和与父母同住家庭的银行存款率和广义储蓄率更高；在风险资产投资方面，与子女同住家庭比三代同堂家庭持有的风险资产占比更高且参与风险资产投资的可能性也更高；在负债方面，三种家庭间的负债情况并没有显著不同；在商业保险购买方面，与子女同住家庭和三代同堂家庭相比，购买寿险和意外险的可能性更高。

第三，两种两代共居家庭。在储蓄方面，与父母共住家庭和与子女共住家庭的储蓄情况并没有显著不同；在风险资产投资和负债方面，两种家庭结构之间同样没有显著差异；在商业保险购买方面，除了子女少儿险之外，其他保险间的投保情况也没有显著不同。

第四，在与子女同住的家庭中，子女婚姻状态会显著影响家庭的金融行为。在储蓄方面，子女未婚家庭的人均存款率显著高于子女已婚家庭，但存款意愿显著低于子女已婚家庭，同时子女未婚家庭的广义储蓄率显著高于子女已婚家庭；在风险资产投资方面，子女未婚的家庭有更大的动力去增加财富，投资于风险资产的资金比率更高；负债方面，相比子女未婚家庭，子女已婚家庭向亲戚朋友借债的可能性和负债占比更高，其中购置房产和使资本增值是他们借债的主要动力；在商业保险投保方面，子女婚姻状态不会显著影响家庭的商业保险投保。

第五，在与子女同住的家庭中，子女性别不同也会显著影响家庭的金融行为。在风险资产投资方面，男性子孙家庭与女性子孙家庭相比，投资于风险资产的资金比率更小；在负债方面，男性子孙家庭负债的可能性更大，负债程度也更深，其中购置房产是家庭负债的主要动力；在家庭储蓄和商业保险投保方面，两种家庭结构间并没有显著不同。

第六，子女未婚的与子女同住家庭中，男性子孙家庭和女性子孙家庭的金融行为显著不同。在储蓄方面，男性子孙未婚家庭比女性子孙未婚家庭拥有广义储蓄的可能性更低；在负债方面，相比未婚女性子孙家庭，未婚男性子孙家庭负债的可能性更高，负债程度也更深，其中购置房产是家庭负债的主要原因，家庭从银行借贷的可能性更高；在风险资产投资和商业保险投保方面，两种家庭结构并没有显著不同。

目　录

第一章
引　言

第一节　研究背景

从 1840 年鸦片战争到 1949 年中华人民共和国成立，中华民族经历了翻天覆地的变化。中国人民在清王朝封闭的封建社会统治中忽然惊醒，世界列强的疯狂入侵撕裂了中国本已十分脆弱的安全屏障，中国人民被迫经历战争的洗礼，在反抗帝国主义的同时，开始自身痛苦的进化。这 100 年间，在摒弃了落后的清王朝封建制度之后，中国又经历了中华民国临时政府时期、北洋军阀时期和国民政府时期。内忧外患中，中华民族不畏强权，终于战胜和平定了所有的外敌和内乱，在 1949 年以中华人民共和国的社会主义国家身份重新屹立于世界各国之中。中华人民共和国成立之后，饱受战争摧残的中国人民开始重整旗鼓向富足丰饶的生活奔去，然而历史发展的客观规律不可违背，积弱成疾的中国并没有一劳永逸，1959 ~ 1961 年的三年大饥荒以及 1966 ~ 1976 年的“文化大革命”更使中国雪上加霜，贫穷的中国艰难地前行着。但是，顽强的中国人并没有封闭自己止步不前，1978 年的十一届三中全会带来改革开放的福音，中国进入了社会主义现代化建设的新时期。经过几十年的快速发展，中国的综合国力和社会影响力不断提升，从低收入国家一跃成为中等收入国家。国内生产总值从 1978 年的 3645 亿元增长到 2013 年的 568845 亿元，截至 2014 年底，突破 60 万亿元达到 636139 亿元，成为世界第二大经济体。中国从计划经济转为市场经济，社会生产力不断攀升与世界接轨，金融产业也随之飞速发展。如今，金融已经是我国经济的重要组成部分且重要性日益提高，家庭金融的日益繁荣很好地体现了这一点。随着中国整体国力增强，每个居民家庭的资产水平和可支配收入规模都有了很大程度的上升，越来越多的家庭投身于金融市场，其参与程度和深度都在不断深化。家庭是社会的细胞，很多社会行为都是以家庭为单位实施并实现的，比如中国的独生子女政策。在中国，由于历史与地域文化等原因，家庭的重要性超过了西方国家。对于大多数中国人而言，“家文化”是流淌在血液中的，人们很多行为选择的标准并不只在于个人的喜怒哀乐、利得利失，还包括对整个家庭的影响。家庭中每个成员之间并不是孤立的，无论是经济还是社会关系彼此都会相互影响，互相之间观念的影响更是渗透到生活中的每个细节。所以研究中国的家庭金融是非常具有现实意义的，而且从家庭整体特征出发的研究更是必不可少。本书研究家庭结构对家庭金融行为的影响，力图更准确地分析中国家庭金融现象背后的影响因素。

物质基础决定上层建筑，随着中国近现代各个方面剧烈的变化，人们的思想也在不断变化，从大辫子的八股文时代到现如今追求自由与独立的新新人类时代，从妻以夫为纲的传统家庭理念到如今经济适用男的“家庭煮夫”新理念，从四代同堂的大家族时代到如今父母子女的小家庭时代，从中华人民共和国成立初期鼓励多生多育到计划生育又到现如今的“二胎时代”等。在不长的时间里，中国这几代人经历的变迁已不能用一般的时代发展速度来衡量。中国本身快速发展所带来的新观念及不断流入的其他国家文化，在信息技术蓬勃发展的契机下，大量涌入中国人的脑海中，不同观念的碰撞不再只是社会不同群体间的问题，在每个小家庭中也都有不同程度的体现。电影《老炮儿》的热映并不是一种偶然，当下中国父子两辈人观念的巨大不同远比俄罗斯著名文学家屠格涅夫的《父与子》所描述的更为复杂。在文化转型下，不同年代家庭成员对各种社会现象的不同反应模式会共同影响家庭整体的金融行为。代际共居的复杂性不仅仅是家庭规模的不同，单一的家庭平均年龄或者劳动人口占比等指标也不足以反映家庭间的这种差异。另外，近些年来我国人口的老龄化日益突出。在国际老龄化的大背景下，我国已提前进入人口老龄化国家的行列。1999 年 10 月，我国 60 岁及其以上老年人口已达 1.26 亿，占全国总人口的 10%，其中 65 岁以上老年人口为 8687 万，占 7%。更为突出的是，我国 80 岁以上高龄老人已达 1100 万，并以年均 5%的惊人速度递增，到 2013 年底，我国老年人口已超过 2 亿。有研究认为，从 2013 年至 2033 年，预计我国平均每年新增老年人口 1000 万，到 2033 年老年人口数量将突破 4 亿，2050 年达到峰值 4.83 亿，占全国总人口的比重高达 34.1%，分别占届时亚洲老年人口的 2/5 和全球老年人口的 1/4，比发达国家老年人口的总和还要多出 1 亿。老龄化这种人口结构变化对于家庭来说，体现在家庭代际共居情况的变化上。所以说，从代际共居角度基于家庭结构分类对家庭金融行为的研究是非常有必要和具有现实意义的。

第二节 研究意义

有限参与是家庭金融研究中比较老的话题之一，在中国这一问题比发达国家更加严重。按照经典金融理论，所有家庭都该投资于风险资产，且所有的金融产品都会涉猎，然而事实上家庭的金融投资要保守得多。针对这一问题，学者们从效用函数到风险厌恶程度的调整等诸多方面进行了研究，然而都没有得到可靠一致的结论。大量学者开始分析究竟哪些因素会影响投资者的风险资产投资，除了传统的健康、年龄等因素，遗传等因素也都被纳入其中。然而，这些因素针对的都只是个人，对家庭整体特征对家庭金融行为影响的研究相对较少，而且我们获得的数据大多都是家庭层面的，所以从家庭整体特征出发辅以家庭成员个人特征的研究更贴合现实，也更有说服力。本书研究家庭结构对中国城镇居民家庭金融行为的影响就是出于这一认识，从共居的角度对家庭结构进行分类研究。具体来说，本书研究的意义主要包括以下几个方面：

首先，理论方面。根据马科维茨的现代资产组合理论，每个理性投资者所选择的投资组合都是类似的，即根据风险态度选择一定比例无风险资产和一定比例由全部风险资产构成的所谓市场组合共同形成的投资组合。Merton（1971）的研究也认为，每个投资者都应投资于风险资产，而且拥有风险资产的比重都相同。然而，在投资实践领域，特别是家庭金融研究与理论完全不同，几乎没有家庭投资者持有完全分散化的市场组合。尤其在中国，居民家庭参与风险资产投资的家庭比例依旧较低，现实中每个家庭的投资行为都具有一定程度的异质性。从家庭结构角度研究家庭金融投资行为可以为修正理论模型奠定良好的基础，为进一步改进和拓展相关模型提供理论和实证依据。

其次，政策制定方面。随着中国经济的快速发展，中国居民家庭金融总资产及可支配收入日益上升，其总体规模已经可以与公司金融比肩。因此，家庭金融对金融市场的影响越来越大，如何引导家庭合理分配资产，参与金融市场是政策制定者的重大议题，而如何使家庭资金转移到有利于国计民生的项目更是政策制定者需要特别关注的问题。近些年来，我国政府一直致力于普惠居民的金融教育，而要使居民受到的金融教育是确实有效的，教育的针对性非常重要。本书根据家庭结构对我国居民家庭进行分类研究，可以使我们更准确地把握不同居民家庭的金融行为状况和需求，便于政策制定者制定更有针对性的有效的政策。

最后，金融投资实务方面。在一个稳定有效的金融市场中，金融业界的成熟有效是有决定性作用的。如果没有多品种多层次的适合本土市场的金融产品，各种金融投资理论和知识就没有用武之地，金融市场的蓬勃发展必然无法延续。然而，纵观我国金融市场，除了传统的银行存款、证券市场及债券市场外，适合居民家庭投资的理财产品依然较少。根据万德数据库的数据，2007~2013 年，我国 182 家银行共发行了 128856 款理财产品，其中较适合家庭投资的超过两年的人民币理财产品只有 310 款，且流动性很差，也不能提前赎回。在金融业界，为家庭金融设计开发的金融产品无论是针对性还是产品规模都严重不足，而根据欧美发达国家的经验，家庭投资者的力量是不能忽视的，他们是金融市场持续稳定发展不可缺少的力量。因此，对家庭投资者投资影响因素的研究可为金融业界的发展提供参考，而对不同家庭结构家庭金融投资行为的研究更是对金融工程师设计不同的类型金融产品有非常重要的引导作用。

第三节　关键概念界定

一、家庭结构

在大多数的社会学研究中，基本的家庭结构一般包括核心家庭、直系家庭、复合家庭、单人户、残缺家庭及其他。其中，核心家庭指夫妇二人组成的，或由夫妇（或其中一方）和未婚子女组成的家庭；直系家庭指夫妇（父母两人或其中之一）和一个已婚子女及孙子女组成的家庭；复合家庭指由夫妇或其中一方与两个及以上已婚子女组成的家庭；残缺家庭指未婚的兄弟姐妹共同组成的家庭。以上关于家庭结构的论述摘自王跃生（2006）的相关说明，反映出社会学领域对家庭结构的分类主要关注家庭成员间的关系。

在家庭金融领域，以往大多数的研究都着眼于个体特征对家庭金融决策的影响，如户主的受教育程度、风险厌恶程度、年龄等对投资股票市场的影响等。家庭结构的引入更多的是希望把家庭整体的特点纳入研究的范畴，与个体特征进行区别。在已有专门基于家庭结构进行家庭相关金融行为的研究中，郭琳（2013）对家庭结构的分类没有考虑到家庭成员间的关系，分类标准主要是个人特质，只是这个"人"不再是某个人，而是拟人化的整个家庭，研究中的家庭结构包括了平均家庭年龄、平均家庭受教育年限等。在探讨家庭投保影响因素的研究中，很多学者把关注点放在了家庭里未成年人人数占比及老年人人数占比等人口分布特点上，如李涛等（2010）。樊纲治、王宏扬（2015）除了关注未成年与老年人口人数，还把家庭中就业人数占比当作家庭结构特征进行研究。这些研究虽然抓住了家庭结构的某些特征，但不是站在家庭整体特征的角度去分析家庭结构，严格来说这些特征并不能代表家庭结构，只能代表家庭人口的部分特点。Rosenzweig 和 Zhang（2014）及李蕾、吴斌珍（2014）把共居作为家庭结构的分类标准，更符合一般社会学意义上家庭结构的含义，但更多地从居住决策的角度出发，且只区分了独代居住家庭和多代共居家庭，分类较为简单笼统。

参考已有文献中家庭结构的界定后，本书对家庭结构的分类依然遵循社会学意义上按照家庭成员间关系进行类型划分的标准，着眼于代际共居对家庭金融行为的不同影响。同时，考虑到数据的局限性及分析的有效性和代表性，最终本文将家庭分为独代居住家庭、与父母同住家庭、与子女同住家庭以及三代同堂家庭共四种家庭结构。其他家庭类型由于样本量太小并且代表性较低故不在本文分析内容之中。其中，独代居住家庭指户主夫妻同住或只有户主居住的家庭；与父母同住家庭指户主夫妻二人或者户主一人与父母共同居住的家庭，其中父母指户主父母或配偶父母；与子女同住家庭指户主夫妻或户主与子女共同居住的家庭；三代同堂的家庭指户主夫妻或户主与父母、子女共同居住的家庭，其中父母指户主父母或配偶父母。需要说明的是，本书中家庭结构的分类虽然同样用于研究代际共居，但与李蕾、吴斌珍（2014）不同，本书出发点是把家庭结构作为家庭的特征进行研究，而他们更多地把家庭结构作为一种居住决策。这一区别在与子女同住家庭的分类中有很好的体现，李蕾、吴斌珍（2014）只分析与成年子女共同居住的家庭，强调的是子女与户主都已成年可独立生活却依然选择了共同居住的生活方式，而本书对子女年龄没有限制，家庭结构更多的是家庭生活状态的一种体现。

另外，由于近年来与子女同住家庭的比例在我国居民家庭中越来越高，所以我们对这一部分家庭进一步分类进行更细致的研究。以往很多学者的研究中都提到子女性别不同对家庭储蓄消费行为的影响，中国传统文化和生活中对男女子孙的不同态度也是社会现实，因此本书特别针对子女的性别和婚姻状况，对与子女同住家庭进行再分类。第一层主要考察子女婚姻状态的影响，把与子女同住家庭分为子女未婚家庭和子女已婚家庭。第二层主要针对子女性别进行分类，将与子女同住家庭分为男性子孙家庭和女性子孙家庭。另外，依据现实经验，父母与子女的经济关系往往会在子女结婚前后有较大转变，再加上结婚本身会消费家庭大量资金，子女从出生一直到结婚都会严重影响家庭金融行为，因此本书对子女未婚家庭专门进行研究，把子女未婚家庭分为未婚男性子孙家庭和未婚女性子孙家庭两类。

二、家庭金融行为

金融行为在广义上包括资金的管理、资金的获取及资金的运用等多个方面。具体到家庭金融行为，根据 Xiao（2008）的研究，是指任何与家庭金融管理有关的人类行为，包括开支行为、收入行为、存储行为、借贷行为以及保护行为等。对这些家庭金融行为的测度方式包括类别、有无、程度和频率等，非常详尽。为了能更准确地把握家庭的金融行为，Dew 和 Xiao（2011）专门开发了家庭金融行为的量表，内容包括家庭借贷管理、家庭现金管理、家庭保险管理以及储蓄和投资等。鉴于我国目前金融发展程度远不及欧美发达国家，可流通的金融产品数量和种类都比较少，居民参与金融市场的比例也比较低，我们对中国居民家庭金融行为的研究主要着眼于家庭储蓄、风险资产投资、负债行为及商业保险的投保四大方面。对这些家庭金融行为的测量主要包括是否参与和参与比率两个方面。

第四节　研究内容与结构安排

本书研究家庭结构对家庭金融行为的影响，其中家庭结构以代际共居为主要分类依据。家庭金融行为在本书中包括家庭储蓄行为、风险资产投资行为、家庭负债及商业保险投保四个部分。本书共分为八章，具体内容如下所述：

第一章，引言。文章的第一部分介绍了本著作的选题背景和意义，对本书中的关键概念——家庭结构和家庭金融行为进行了界定和解释，还简要介绍了书稿内容及结构安排。此外，这一部分还阐述了本书的研究方法和研究路线，并对书稿可能的创新点进行了说明。

第二章，文献综述。本书从家庭结构的角度研究家庭的储蓄行为、风险资产投资、负债行为及商业保险的购买，故文献综述对应分为四个部分。第一部分是家庭储蓄行为影响因素的相关文献综述；第二部分是家庭风险资产投资影响因素的相关文献综述；第三部分是家庭负债影响因素的相关文献综述；第四部分是家庭投保影响因素的相关文献综述。

第三章，理论假设和数据说明。本书通过对生命储蓄理论、负担理论、风险共担理论等梳理分析，结合中国社会文化现状，提出了六组关于不同家庭结构金融行为的不同假设。同时，本章对书中主要采用的样本数据进行了介绍说明。

第四章，家庭结构对家庭储蓄的影响研究。我国自改革开放以来居民储蓄率长期保持高位并且不断增长，这一经验事实不仅有别于欧美发达国家，与很多发展中国家也不尽相同。中国的高储蓄率一直是近些年消费储蓄理论经验研究的焦点问题。本章运用中国居民家庭微观调查数据，探索中国家庭结构与家庭储蓄的关系。其中，对家庭储蓄的研究包括对西方经济学中广义储蓄的研究和对银行储蓄的研究，研究测度包括是否储蓄和储蓄占比两个维度。

第五章，家庭结构对风险资产投资的影响研究。Haliassos 和 Bertaut（1995）等学者研究发现有大量家庭并没有参与风险资产投资，这与 Merton（1971）等经典金融理论的认识并不一致，这种现象被称为有限参与之谜。相比欧美发达国家，中国金融市场的有限参与问题更为显著。2002 年美国持有股票的人数占总人口的 30. 11%，而同年中国股票投资者有 6884 万人，仅占总人口的 5. 36%。本章运用中国居民家庭微观调查数据，探索中国家庭结构与风险资产投资的关系，研究测度包括是否投资和投资金额占比两个维度。

第六章，家庭结构对家庭负债的影响研究。综观家庭金融的研究，其中关于家庭资产配置的文章可谓是众多研究中的大部头，而关于家庭负债的研究相对较少。随着 2007 年金融危机的暴发，以次级贷款为主要形式的家庭负债被认为是造成金融危机的直接原因之一，因此对家庭负债的研究得到了越来越多的重视。本章通过家庭结构的视角，运用中国居民家庭微观调查数据，分析中国家庭的负债情况。对负债的研究包括负债渠道和负债动机两个方面，对负债行为的测度包括是否负债和负债程度两个方面。

第七章，家庭结构对家庭商业保险投保的影响研究。随着中国经济的高速发展，中国居民家庭的金融资产大幅度增长。在这样的背景下，中国保险业的发展也是日新月异，保险需求日渐扩大。然而，这两者的增长却是完全不同步的，相比于家庭金融资产的快速上升，家庭商业保险消费的增长就显得动力不足。与发达国家相比，我国的保险业依然存在有效需求不足、投保率偏低等问题。本章研究家庭结构对商业保险投保的影响，研究中涉及的商业保险一共包括七种，对投保情况的测度因为数据的局限只研究是否投保，运用 probit 模型进行研究。

第八章，研究总结。本部分归纳和总结主要研究结论，并分析研究的局限性。

第五节　研究方法和技术路线

一、研究方法

（1）调查法。本书运用中国国家统计局 2009 年“中国城镇居民经济状况与心态调查”的问卷和数据，对中国城镇居民家庭的家庭结构和金融行为进行了汇总和统计分析。

（2）比较分析法。本书对中国城镇居民家庭的家庭结构进行了分类，通过研究不同结构的家庭的金融行为探索影响家庭金融行为的影响因素，在比较中分析，在分析中比较。

（3）宏观分析与微观分析相结合的方法。国家宏观经济发展和社会人口结构的变化有助于人们认识家庭金融选择的外在环境因素，但这些宏观因素是否会影响微观家庭个体的选择，以及将会以何种机制对其产生影响则需要从微观角度探寻答案。本书从家庭结构这一社会学概念出发研究不同结构家庭的金融行为特点，运用微观调查数据进行研究分析。

（4）文献研究法。本书在第二章中对研究家庭金融行为影响因素的相关文献进行了概述总结，在对已有文献全面思考和分析后明确本书研究内容和研究方法。

（5）统计计量方法。本书首先通过描述性统计分析，了解不同结构类型的中国家庭的风险资产投资、银行储蓄行及借贷情况和商业保险投资的不同特征。其次，通过实证回归分析具体分析家庭结构对家庭金融行为的不同影响。

二、技术路线

本书主要利用中国国家统计局 2009 年“中国城镇居民经济状况与心态调查”及国家统计局公布的数据，研究家庭结构对居民家庭金融行为的影响，为政策制定者和金融业界提供相关的理论依据。研究路线如图 1-1 所示。

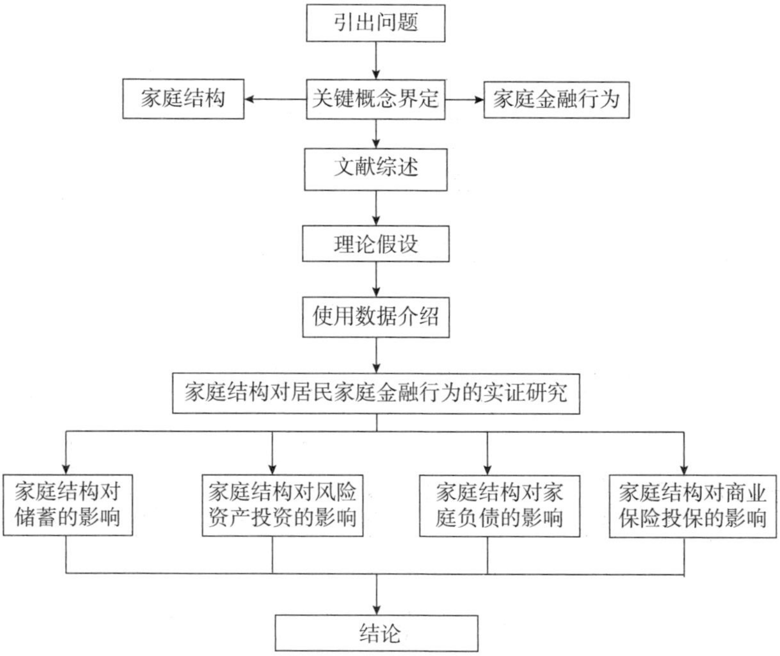

图 1-1 本书技术路线

第六节 研究创新之处

在家庭金融研究领域，虽然分析主体是家庭，但涉及个体特征的信息采用户主个人特征的偏多，把家庭本身特征考虑进去的研究还较少，尤其是家庭结构的特征。在少量考虑家庭结构的相关研究中，本书首次对家庭从代际共居角度分类，对独代居住、与子女同住、与父母同住及三代同堂家庭这四种最具代表性的家庭结构进行分析，这种分类方法结合了社会学一般分类方法和家庭金融研究中对家庭结构测度的考虑。另外，本书还对占比最多的家庭结构——与子女同住家庭进行更加细致的研究，按照子女婚姻状态和性别对与子女同住家庭进行分类分别研究，这些分类也是已有文章中没有提及的。

本书对家庭金融行为的研究包括家庭储蓄行为、风险资产投资、负债行为和商业保险投保四个方面。其中，对家庭储蓄的研究包括广义储蓄行为和银行储蓄，并从是否储蓄和人均储蓄率两个角度同时进行研究，拓展了我们对家庭储蓄行为的认识；在家庭负债部分，由于数据的可得性，本书对家庭负债从渠道和动因两个方面同时研究，研究测度包括是否负债和负债程度，比已有关于负债的研究更为全面；商业保险投保方面研究了七种商业保险的投保情况，以保险目的的不同将保险分为人身保险、子女少儿险和增值类保险三种，对我国参与不同种类商业保险的家庭进行了分析。

第二章
文献综述

第一节　家庭储蓄相关文献综述

Wang 和 Wen（2019）研究显示，中国居民储蓄率 21 世纪以来持续稳步提升，而且储蓄率水平明显高于其他国家。2005 年中国政府开始实施一系列扩大内需的相关政策，但我国居民储蓄率依然不改上升势头，其中城镇居民储蓄率上升幅度尤其可观。虽然关于居民储蓄率影响因素的研究是一个比较老的研究内容，但由于中国的特殊高储蓄率现象，依然有非常多新的研究从不同角度探讨中国的这一现象。Modigliani 和 Brumberg（1954），Chamon 和 Prasad（2010）、Rosenzweig 和 Zhang（2014）发现，在 2000 年之后，中国的家庭储蓄与户主年龄呈现“U”形关系，而不是“倒 U”形，此现象被称为中国的“年龄—储蓄率之谜”。为了研究这一问题，Rosenzweig 和 Zhang（2014）从理论与实证两个方面研究了中国代际共居与储蓄的关系，他们认为，在目前的中国，高昂的房价与住房服务促使很多人选择了代际共居，而与父母同住的青年人会有相对更高的储蓄率，解释了“U”形关系左边曲线青年储蓄率高于中年储蓄率的原因。对这一问题，李蕾、吴斌珍（2014）也进行了研究，他们认为由于以往的研究数据收集是以家庭为单位，研究中关注的只是户主的年龄，而没有考虑到共居等家庭结构的信息，所以研究结果与生命周期模型不符。除了家庭的代际共居会对家庭储蓄产生影响，还有很多其他因素同样影响家庭的储蓄行为，本部分文献综述主要总结陈述近些年关于中国居民家庭高储蓄率文献中的新兴热点问题，集中在预防性储蓄动机、购房推动、婚姻竞争以及人口老龄化对家庭储蓄的影响研究。

一、预防性储蓄动机

预防性储蓄理论认为居民为未来收入或支出的不确定性做准备是居民储蓄的重要动机之一。关于预防性储蓄理论的相关文献有很多是理论研究，比如 Leland（1968）、Miller（1976）、Kimball（1990）等的研究，但更多的研究属于实证研究范畴。Caballero（1991）、Carroll（1994）、Kazarosian（1997）通过对美国相关数据进行研究证实了预防性储蓄动机对居民家庭储蓄率的重要影响，Dardanoni（1991）运用英国家庭的数据也佐证了这一理论。Dynan、Skinner 和 Zelds（2000）利用微观调查数据研究了不同收入阶层的预防性储蓄特征，研究发现收入越高的人群的预防性储蓄所占比率越高。Carroll（1992）利用计算机数值模拟的方法对预防性储蓄动机和财富的关系进行了研究。Caballero（1991）的研究关注于预防性储蓄与总储蓄的比值，他对 CARA 为效用函数的最优跨期模型进行求解，求得预防性财富在总财富中所占的比重为 60%左右。但 Carroll 和 Samwick（1998）对这一比率的求解结果却低于 60%，他们利用缓冲存货模型进行计算，求得预防性储蓄占总储蓄的比值在 32%～50%。Ventura 和 Eisenhauer（2006）同样运用缓冲存货模型对意大利居民家庭的储蓄行为进行研究，研究得到的预防性储蓄比值在 15%～36%。Bartzsch（2008）通过对德国居民家庭数据研究发现，样本家庭净金融资产中有 20%的部分是为了预防未来风险的。

很多学者曾运用预防性储蓄理论对我国 20 世纪 90 年代后期出现的高储蓄低消费现象进行解释。宋铮（1999）是其中相对比较早的一篇研究，他的研究证实预防性储蓄动机确实能够解释我国居民储蓄的部分行为。施建淮、朱海婷（2004）对预防性储蓄理论在我国的运用进行了扩展，他们进一步研究了我国居民预防性储蓄动机的强度。易行健、王俊海和易君健（2008）对我国农村居民的储蓄行为进行了研究，研究发现预防性储蓄动机是广大农户选择储蓄的重要动机之一。王辉、张东辉（2010）把预防性储蓄动机纳入资本资产定价模型进行分析，他们运用 2001 年至 2008 年的数据估算出由预防性储蓄动机而产生的储蓄部分占居民总储蓄的比重，结果显示由预防性动机而拥有的储蓄占居民总储蓄值的 83.7%。Horag Choi 等（2017）同样在资产资本定价模型的框架下进行分析，利用“中国健康与营养调查”1989 年至 2009 年的数据研究发现，中国居民储蓄中的 80%都是出于预防性储蓄目的。雷震、张安全（2013）采用 2005 年至 2009 年中国城乡居民的数据研究发现，预防性储蓄动机导致的居民储蓄占家庭人均金融资产的20%至30%。Chamon和Prasad（2010）认为近些年之所以中国储蓄率依然逐年上升是因为中国正在经济转型期，在这个特殊时期居民为了防止未来出现突然变化，出于预防性储蓄动机会拥有更多存款。另外，他们还认为中国由于金融市场整体发展还很不完善，居民没有很多金融选择保护自己的资产，所以储蓄变成了大部分居民的共同选择，同时，由于储蓄本身也可给居民带来利息收入，所以融资目的也会促进居民进一步增加储蓄。

二、购房推动

随着1998年住房制度改革的推进，我国商品房价格大幅上升，购房支出占居民消费支出的比重越来越高。Chen和Yang（2011）的研究指出，在1998年房改之后，购房成了很多居民家庭的最大储蓄动因，陈彦斌、邱哲圣（2011）的研究也支持这一结论。陈斌开、杨汝岱（2013）通过对2002年至2007年城镇住户调查数据的研究发现，房价大幅上涨使很多居民家庭为了支付购房费用而进行储蓄，这样的共同行为导致了七年间45%的居民储蓄增长率。此外，他们还发现房价提升对年轻人和老年人的储蓄行为影响最大。Chamon和Prasad（2010）利用国家统计局城调队中国城镇住户调查（UHS）数据研究中国居民家庭储蓄的影响因素，研究发现中国居民家庭中年轻家庭的储蓄率反而高于中年家庭，与生命周期理论结论不同。同时他们还发现，相对有房家庭，无房家庭的储蓄率更高。在综合考虑这两个现象之后，他们认为很可能中国青年家庭正是为了购房才会有比中年家庭更高的储蓄率。但赵西亮等（2013）的研究却得到了不同的结论，通过对2002年到2007年中国家庭收入项目（CHIP）数据的研究发现，住房价格的上涨只会显著影响拥有多套住房的居民家庭储蓄率，对只拥有一套住房的居民家庭并没有显著影响。Wang和Wen（2010）的研究也与前述文献不同，他们认为房价与居民储蓄的关系是由信贷约束和人口增长决定的。如果没有信贷约束、人口也不再增长，那么不论房价如何变动都无法影响居民储蓄，只有当信贷约束存在，房价的上升才会推高居民储蓄率且上升幅度取决于信贷约束的程度。Wan（2015）也研究了信贷约束、房价与居民储蓄的关系，研究发现不存在信贷约束时家庭储蓄用于增值的部分会由于房价上升而降低，而当信贷约束存在时房价的上升会导致家庭储蓄率的上升。Chen等（2013）则发现，只有当住房需求没有弹性时房贷约束才能解释中国居民储蓄率的上升。

三、性别差异

我国近年来男女性别比差距日益扩大，根据中国国家统计局的数据，2015 年中国总人口共 137462 万人，其中女性人口 67048 万人，总人口性别比为 105.2（女性 100），出生人口性别比更是达到了 113.51（女性 100）。由于男性人口多于女性人口，且这个趋势并没有停止，因而男女性别比差异过大使很多适婚男青年有无法找到配偶的风险。Wei 和 Zhang（2011a）通过对中国家庭收入项目调查（CHIP）数据的研究发现，我国男女性别比差异确实对居民家庭的储蓄率有显著影响，男性子孙家庭为了使儿子在婚姻市场上更有竞争力所以会增加家庭的储蓄比率，Du 和 Wei（2013）的研究也支持这一结论。除了性别比差距与家庭储蓄的关系，Du 和 Wei（2011）还发现由于男性数量多于女性数量使更多男性选择成为企业家，企业家可以有更高的收入使自己更容易获得女性青睐。虽然这个结论与家庭储蓄行为没有直接关系，但却从侧面反映了我国男女性别比差距给男性带来的经济负担较大。Wei 和 Zhang（2011b）为考察性别比对中国经济的影响也做过类似研究，他们的研究显示，性别比失衡越严重的地方，私企的数量越多。另外，性别比差距越大的地区有男性子孙家庭的父母更愿意承担更危险更劳累的工作以获取更高的报酬。他们的研究说明不仅是男性本身，拥有男性子孙的家庭经济压力也非常大，所以这些家庭的储蓄率更高的结论也从侧面得到了印证。

Banerjee 等（2010）也认为中国子女性别差异会导致家庭储蓄行为的不同，但与 Wei 和 Zhang（2011a）及 Du 和 Wei（2013）不同，他们通过运用生命周期理论研究发现，中国高储蓄率的原因在于计划生育政策的实施，他们认为，孩子对父母的供养对父母老年生活有非常重要的影响，尤其是男孩会负起主要的供养责任，所以独生子女家庭的储蓄率会大幅上升为年老生活做准备，其中只有女孩的家庭会增加更多的储蓄。

四、人口老龄化

人口老龄化是全球人口结构变化的特征之一。作为世界上人口最多的发展中国家，我国在人均收入还不高的情况下就已经迈入了老龄化社会。根据我国第六次全国人口普查数据，60 岁及以上人口占全国人口数的

13.26%，比2000年人口普查上升2.93个百分点，其中65岁及以上人口占比为8.87%，比2000年人口普查上升1.91个百分点，两者都已经高于“老龄化社会”的国际标准。老龄化的大趋势不可避免，老龄化对家庭储蓄影响的研究得到越来越多的重视。胡翠、许召元（2014）根据中国居民收入分配课题组（CHIP）调查数据的研究发现，人口老龄化对城乡居民的储蓄行为有显著影响，但影响方向不同。在城市，居民储蓄率随着老龄化比例上升而上升；在农村，农户家庭储蓄率却随着老龄化比重上升而降低。

老龄化这一社会现象在家庭中主要体现在抚养比的变化上，因而在老龄化与家庭储蓄的研究中，老年抚养比常被作为研究对象。关于老龄化与家庭储蓄率的关系，生命周期理论提出了负担假说，假说认为居民年龄日益增大获得收入的能力也在递减，因此老年人口的主要消费来源于年轻时的储蓄收入，老龄化越严重家庭储蓄率越低。Leff（1969）利用1964年的跨国截面数据对负担假说进行了检验，研究发现老年抚养比与居民储蓄率成反比，老年抚养比越高居民储蓄率越低。后续还有许多研究对负担假说进行了检验，Modigliani（1970）、Modigliani和Sterling（1983）、Horioka（1989）的研究都证实老龄化确实会降低居民储蓄率。Loayza等（2000）通过对102个国家经济数据的研究发现，老年人口抚养比每上升3.5%，居民储蓄率就会下降2%。Bosworth和Chodorow-Reich（2006）通过对多国数据的研究同样也发现，老年抚养比每上升1%，居民储蓄率就会下降0.54%，而且他们的样本显示亚洲国家相比其他国家老龄化对储蓄率的影响更大，老年抚养比每上升1%，居民储蓄率就会下降1.2%。Koga（2006）、Katayama（2006）、Horioka（2010）通过对日本20世纪90年代的数据进行分析，发现老年抚养比上升是导致居民储蓄率下降的重要原因。中国的数据同样支持负担假说。Modigliani和Cao（2004），王德文等（2004）、Kuijs（2006）分别就不同时期的中国数据进行研究，发现负担假说确实存在。Campbell（2008）通过对美国的数据进行研究，也发现老龄化与居民家庭储蓄率成反比。除了宏观数据的相关研究，微观调查数据的部分研究也同样支持负担假说。Horioka（2006）通过对日本居民家庭微观调查数据的研究发现，2002年之后退休老人的收入已经无法支持其正常消费，负储蓄占他们收入的15%~30%，且这一现象随着时间的推进日益加重。同样是利用日本的数据，Wakabayashi（2007）研究发现随着老龄化情况加重，日本家庭在养老和医疗方面的支出使居民储蓄率下降。Loayza等（2000），董丽霞、赵文哲（2011）运用中国居民家庭数据同样发现老年人口抚养比与居民家庭储蓄率负相关。但并不是所有研究都支持负担假说，Kelley 和 Schmidt（1995）为了验证负担假说，对 1960 年至 1990 年的跨国数据进行研究，采用 Leff（1969）的研究方法但得到的结论却显示除了 20 世纪 80 年代的数据可以证明负担假说，其他时期的数据均没有发现老年抚养比对居民储蓄的显著影响。和他得到同样结论的还有 Andersson（2001），他采用的数据来自于 1950 年至 1992 年的北欧四国，研究发现老年抚养比对居民储蓄率的负向影响在控制了年代变量后就不再显著。不仅在欧洲，亚洲国家的相关数据也有部分研究证明负担假说并不存在。Horioka 和 Wan（2006）通过对 1995 年至 2004 年中国省际面板数据的研究发现，老龄化对于中国城镇居民家庭储蓄率并没有显著影响，只会影响农村居民家庭的储蓄率。范叙春、朱保华（2012）通过对中国居民家庭数据的研究发现，老年人口抚养比对家庭储蓄率的影响有赖于时间效应。汪伟（2009，2010）的研究结果虽然显示老年抚养比会显著影响居民家庭储蓄率，但方向却不是负向的而是正向的，老年抚养比越高的居民家庭储蓄率反而会越高。发现这种反生命周期理论现象的还有 Koga（2006）的研究，他通过对日本政府内务省公布的数据的研究发现，当每代人群步入老年的时候，储蓄率并不会降低反而还会升高。Chamon 和 Prasad（2010）同样发现了这一现象，他们根据中国微观居民家庭的调查数据发现户主年龄与家庭储蓄率正相关。可见，关于老年人口抚养比和家庭储蓄的关系还没有完全一致的结论。

第二节　风险资产投资相关文献综述

马科维茨的现代资产组合理论认为，每个理性投资者所选择的最优投资组合都是类似的，即根据风险态度选择一定比例无风险资产和一定比例由全部风险资产构成的所谓市场组合共同形成的投资组合，风险厌恶程度越高的投资者持有的无风险资产比例越高，持有的市场组合比例越低。Merton（1971）认为，投资者都应参与风险资产投资且参与风险资产的比例相同，他在模型中假定投资者的效用函数是 CRRA 效用函数（常数相对风险厌恶），投资者都持有同样的信念且不存在交易成本等。

但是上述经典投资组合理论与实际居民的金融选择相差较大，Mankiw 和 Zeldes（1991）等大量研究发现，实际居民并没有如同经典理论预测的那样参与投资全部股票和其他风险资产，相反有大量居民没有投资任何风险资产。随着金融市场的快速发展，可投资的金融产品越来越多且交易成本逐渐降低，风险资产的投资比例也在日渐升高，但居民的风险投资比率与经典理论所建议的投资份额差距依然很大。Haliassos 和 Bertaut（1995）研究发现，现实中有大量居民家庭并没有持有任何风险资产。Ameriks 和 Zeldes（2004）利用美国居民家庭的数据分析发现，在美国有将近一半的居民没有投资于股票。李涛（2006）利用 2003 年中国的数据研究发现，中国在股票市场开户的居民比例只有 51.36%，实际参与股票市场投资的居民比率更低。除了参与比例，大量实证研究显示每个居民家庭投资组合也不尽相同，各类资产在居民家庭间的持有情况存在异质性。Ameriks 和 Zeldes（2004）、Campbell（2006）等学者发现财富水平、年龄和收入情况等因素都会影响居民家庭的投资组合。King 和 Leape（1987）、Haliassos 和 Bertaut（1994）、Poterba 和 Samwick（1999）、Vissing Jorgensen（2002）等相关研究都证明了居民家庭投资组合的异质性问题。

之所以会出现理论与现实的巨大差异，经典理论假设与真实世界的差距是重要原因。现实中，金融市场并不满足经典投资理论关于完美市场等的假设，不仅存在各种交易成本和信贷约束，资产之间的交易也存在各种摩擦。另外，交易双方间还存在信息的不对称、经济的周期性波动、证券价格不服从标准几何布朗运动等与经典理论假设不同的现象。针对这一问题，很多学者开始放松理论模型的一些假设进行研究。Bodie 等（1992）、Heaton 和 Lucas（2000a）等将劳动收入纳入影响因素进行分析；Deaton（1989）、Carroll（1992，1997）、Gourinchas 和 Parker（2001）等将预防性储蓄动机纳入模型分析；Campbell（1999）、Gome 和 Michaelides（2003，2005）、Vissing Jorgensen（2002）等考虑了固定成本因素对投资组合的影响；Kullman 和 Siegel（2003），Cocco（2005），吴卫星、齐天翔（2007）等在模型中加入了非流动性资产进行建模分析。除了放松原本的理论假设，还有部分研究对效用函数的选择进行了探讨。例如，Heaton 和 Lucas（2000a）、Campbell 和 Viceria（1999，2002）放弃了经典理论假设中常相对风险厌恶系数的设定，采用 Epstein 和 Zin（1989）所提出的 Epstern-Zin 效用函数进行研究，实现了效用函数在时间上的可分性。虽然这些研究可以解释部分经典理论与投资实务界间的区别，但仍有很多问题无法解释。

为了解释居民家庭对风险资产投资的有限参与和异质性，学者们考虑了很多其他影响因素，主要包括家庭经济情况、房产购置、人口统计因素、背景风险、环境异质性等。

一、家庭经济

居民家庭的收入、财富水平、企事业拥有情况等家庭经济环境被证明是影响居民家庭风险资产投资的重要影响因素。Blume 和 Friend（1975）、Heaton 和 Lucas（2000b）研究发现，非资本收入越高的居民家庭投资股票市场的可能性越高。Vissing Jorgensen（2002）对美国 PSID 数据的研究显示，财富与风险资产投资成正比，越富有的家庭越有可能参与股票市场投资。史代敏、宋艳（2005）通过对中国居民家庭微观调查数据的分析同样发现，家庭的财富水平越高，居民家庭投资于股票市场的可能性越高。吴卫星、齐天翔（2007）的研究同样支持这一结论。Wachter 和 Yogo（2010）通过研究发现，居民家庭财富水平对风险资产投资有正向影响。Guiso 和 Paiella（2008）发现在收入增长波动率较大的地区，居民对风险的厌恶程度越高，投资风险资产的可能性越低。Betermier 等（2012）也发现，如果投资者从工资波动率较低的地区搬迁到工资波动率较高地区，居民家庭投资于股票等风险资产的资金比率会降低，最高可能降低 35%的投资比率。Davis 等（2002）研究了企业资产与家庭风险资产投资的关系，发现拥有大量企业资产的家庭更愿意投资于自己拥有的企业。Shum 和 Faig（2006）通过对美国 1992 年至 2001 年家庭调查数据的研究发现，自主经营企业的家庭会挤出风险资产投资，家庭财富水平越高的家庭投资于股票市场的可能性越高。Heaton 和 Lucas（2000b）的研究也发现，拥有个人企业的家庭持有股票的比重低于没有个人企业的家庭。

二、房产购置

房产购置也是影响居民家庭风险资产投资的重要因素。Cocco（2005）、Sinai 和 Souleles（2005）、Pelizzon 和 Weber（2008）通过研究房产对居民家庭风险资产投资的影响发现，房产由于其本身资金量巨大和非流动性占用了家庭大量的资产，使家庭可用于风险资产投资的资金量大大减少，房产对风险资产投资存在挤出效应。Flavin 和 Yamashita（2002）也得出了房产购置会挤出风险资产投资的结论，而且这种效应对于年轻人和穷人更加明显。年轻人只拥有很少的财富，为了能够更早地拥有属于自己的住房，他们将拥有的财富大量投入房产，大部分年轻人在还完贷款后才开始进行风险资产投资，随着年龄的增长风险资产投资的比例也在逐渐增长，当人们步入老年后开始逐渐变卖自己的风险资产。Yao 和 Zhang（2005）也发现自有住房的购买对于风险资产投资具有明显的挤出效用。Cocco 等（2005）建立了包含住房投资的生命周期模型，研究同样发现对于年轻人和穷人的家庭来说，房屋购置使他们的流动性资产较少，可供他们支付中间商交易费用的资金量较少，房屋购置会挤出股票等风险资产投资。吴卫星、齐天翔（2007）的研究也发现房产投资会挤出股票市场参与。

三、人口统计因素

人口统计因素直接反映投资者间的异质性特征，而这些异质性对居民家庭风险资产投资的决策有重要影响作用，这些因素包括受教育程度、智商、年龄、性别、婚姻状态等。Haliassos 和 Bertaut（1995）通过对美国居民家庭投资行为的研究发现，户主的受教育水平越高，居民家庭投资股票市场的可能性越高。Vissing Jorgensen（2002）的研究也支持这一结论，认为受教育水平会直接影响投资者对金融的认知程度从而促进居民家庭对风险资产的投资。Guiso 和 Jappelli（2008）的研究关注于金融认知与投资组合分散化的关系，研究证实客观上金融认知程度越高的居民家庭构建的投资组合分散化程度也会越高，但自评的金融认知对居民投资组合并没有显著影响。Calvet 和 Sodini（2013）对教育与风险资产投资的关系有不同的认识，他们认为普通测度的社会教育水平不会显著影响居民家庭的风险资产投资，受教育水平只能反映出投资者不同的家庭背景。Frederick（2005）、Burks 等（2009）、Dohmen 等（2010）研究了智商水平与风险厌恶程度的关系，发现两者之间成反比，智商越高的人群对风险的接受程度越高，因此投资风险资产的可能性也越高。Grinblatt 等（2012）的研究在股票市场验证了这一推断，他们发现高智商人群的股票参与度更高。郭琳（2013）把家庭按照家庭规模、年龄结构、性别结构、教育结构、家庭流动、收入结构以及家庭劳动结构分别分类，运用中国家庭追踪调查（CFPS）数据进行了研究。研究发现，规模越大的家庭持有风险资产的可能性越低；家庭平均年龄与持有存款以外金融产品的可能性负相关，老年家庭更倾向于把钱存在银行；平均受教育越多的家庭投资于风险资产的可能性越高；流动人口比率越高的家庭，更倾向于投资风险资产。与郭琳（2013）不同，朱光伟、杜在超、张林（2014）研究发现当家庭规模在 4 以内，家庭规模越大，家庭参与股市的概率越大；当家庭规模超过 4，家庭规模越大，家庭参与股市的概率越小。

King 和 Leape（1987）研究了年龄与股票市场投资的关系，他们发现户主年龄与家庭投资股票市场的可能性成正比。Poterba 和 Samwick（2003）通过对 1983 年至 1995 年美国消费者金融调查数据（SCF）的研究发现，年龄越大的居民家庭投资于股票市场的可能性越高、持股比率也越高。Bodie 和 Crane（1997）的研究却得到了不同的结论，他们通过对美国教师退休基金会（TIAA-CREF）1996 年的调查数据研究发现，年龄与持股比率成反比。Agnew 等（2003）在排除了同代效应影响之后发现年龄与风险资产投资成反比，年龄每增长一岁风险资产持有比率下降 0.93%，他们的研究结论与实务界每增长一岁下降 1%风险资产的经验数据基本相符。但 Ameriks 和 Zeldes（2004）却认为 Agnew 等（2003）的研究方法和结论并不可靠，Ameriks 和 Zeldes（2004）通过对 1987 年至 1999 年美国 SCF 和 TIAA-CREF 数据研究发现，年龄与股票投资可能性的关系是驼峰型而不是线性的，并且股票投资比重与年龄并没有显著关系，同时平均持有股票比重的变化更多的是源于参与率的改变，而在生命周期中参与者的持股比例是相对平稳的。Agarwal 等（2008）的研究对 Ameriks 和 Zeldes（2004）的研究结论进行了拓展，他们发现非单调的年龄效应不仅在股票投资中有所体现，家庭其他风险资产投资也与年龄成非线性关系。Shume 和 Faig（2006）的研究结论不同于上述所有研究，他们运用美国 1992 年至 2001 年的 SCF 调查数据研究发现，年龄越大的居民投资于股票市场的可能性越高。

男女性别和婚姻状况也会影响居民家庭的风险资产投资。Guiso 和 Paiella（2008）研究发现，女性的风险厌恶程度高于男性，男性更愿意承担风险，所以男性参与股票市场投资的可能性更高。Bertocchi 等（2011）通过对意大利家庭数据研究发现，已婚女性相比单身女性投资于风险资产的可能性更高，而男性的婚姻状态对风险资产投资并没有显著影响。王琎、吴卫星（2013）研究也表明，中国已婚女性比单身女性投资风险资产的可能性更大，但已婚男性和单身男性不存在显著差别。

居民健康状态对家庭风险资产投资的影响也是很多学者关注的焦点。Rosen 和 Wu（2004）研究发现，健康状况不好的居民家庭投资于风险资产的可能性更小且持有比率也更低。Berkowitz 和 Qiu（2006）研究了健康冲击对居民家庭风险资产投资的影响，他们发现当家庭成员健康状况恶化后家庭持有风险资产的比率显著降低，但在控制住家庭的财富总量之后，研究发现健康状况对家庭资产组合配置的影响消失了，因此他们认为健康状况是通过对家庭财富总量的影响来影响投资组合的。吴卫星等（2011）通过对中国居民家庭微观调查数据的研究发现，不良健康状况与家庭风险资产的投资比率显著负相关。他们认为，家庭成员的不良身体状况会产生巨大的医疗费用，家庭为了维持正常消费水平被迫将资产由风险资产转换为安全可流动资产。退休老年人是健康问题常发的人群，Coile 和 Milligan（2009）针对美国退休老年人专门进行了研究，研究显示 65 岁以上老年人持有财富总量占到居民家庭总资产的三分之一，而且他们持有的资产主要是银行存款和流动性资产，为了防止身体状况变差，风险资产、汽车、房产和经营性资产等都会越来越少。

四、背景风险

同样，背景风险也是影响家庭风险资产投资的重要因素。Guiso 和 Sodini（2012）提到，背景风险是应用比较广泛的解释风险态度异质性的变量，可以被定义成不能被交易、不能被分散化、不能被保险的风险。Baptista（2008）认为，背景风险是指不能在金融市场上通过资产组合配置来进行分散的风险。Kimbal（1989）认为，至少有三种原因造成资产需求不足，即谨慎动机、已经有一些风险暴露、流动性要求。Cardak 和 Wilkins（2009）认为，背景风险包括劳动收入、健康状况、承诺支出、信贷约束、投资替代等因素导致的风险。Guiso 等（1994）通过对意大利家庭收入与财富调查（SHIW）数据的研究发现，不能保证收入稳定性的居民家庭投资于风险资产的比率越少，拥有的非流动资产的比率越高。Heaton 和 Lucas（1997）研究发现，居民家庭出于对未来收入不确定的顾虑会在股票投资时更加谨慎。Bertaut（1998）、Hochguertel（2003）的研究都显示收入不稳定会使居民家庭投资于风险资产的比重下降。Campbell 和 Viceira（1996）对这一问题进行了更细致的分析，他们将居民家庭面临的收入风险分为持久性收入风险和暂时性收入风险两大类，研究发现只有持久性收入风险才会显著降低居民家庭的风险资产投资比率，暂时性收入风险对家庭资产组合没有显著影响。Palia 等（2014）的研究发现，收入的不确定性、借贷约束都会使居民家庭投资股票市场的比重降低，因此他们推断家庭财富越高、收入越稳定的家庭受到背景风险影响的可能性越小。Cardak 和 Wilkins（2009）通过对澳大利亚居民家庭微观数据的研究发现，收入的不确定性与健康风险都会显著影响家庭风险资产的投资，收入和健康状态风险越大，家庭投资风险资产的可能性越低。

五、环境异质性

环境异质性对家庭风险资产投资的影响也非常重要，流动性约束、交易摩擦、社会互动及信任都是学者们关注的重点。Fratantoni（1998）运用美国 SCF 调查数据研究发现，信贷约束会使家庭减少对风险资产的投资。同样是运用美国 SCF 的调查数据，Bertaut（1998）发现居民家庭受到的流动性约束会显著降低居民家庭的股票参与程度。Guiso 等（2004）在研究了居民家庭所处地区的差别之后发现，在社会资本较高地区居住的家庭投资于股票市场的可能性更大。Hong 等（2004）的研究也显示，交际活动广泛的人群参与股票市场的概率更高。Guiso 等（2008）提出了信任与家庭股市参与的关系，他们发现信任的缺失会使居民家庭更不愿意参与到股票市场中，这就能在一定程度上解释美国富有家庭股市投资不足的原因，国家间信任程度的差异也可以在一定程度上解释国家间股市参与率的差异问题。李涛（2006a，2006b）对中国居民家庭微观数据的研究也发现，社会互动、信任和居民的参与惯性都是中国居民家庭参与股市的重要影响因素。

第三节　家庭负债相关文献综述

一、消费函数理论中的家庭借贷

（一）确定性条件下的消费函数理论

Keynes（1936）的绝对收入假说认为，现阶段可支配收入是影响家庭储蓄与消费分配的决定性因素。他们在理论模型中假设每个个体的消费行为完全不受外界环境的影响孤立存在，且每个人只考虑当期收入与消费，不进行跨期预算。在这样的假设下，负债对于家庭来说是没有多少存在价值的。Modigliani 和 Brumberg（1954）、Friedman（1957）的理论放弃了这一假设。Modigliani 和 Brumberg（1954）依据消费者微观经济行为发展出了生命周期假说，他们认为个体消费并不取决于当期收入，而是取决于其一生的收入（包括薪酬和资产收益）。Friedman（1957）的持久收入假说也认为，决定家庭消费水平的是家庭长期可以稳定得到的收入，即持久收入而不是当期收入。所以在 Modigliani 和 Brumberg（1954）、Friedman（1957）的理论中，家庭在一生中通过借贷等行为平滑消费是十分必要的，但在他们的模型假设中信贷市场是完善的，即个人信贷的唯一限制条件就是他们一生的收入而其他任何因素都不予考虑。这样的假设与现实生活的差距是很大的，没有机构和个人可以预见和确定某一个体的未来收入，信贷公司或银行等只能通过家庭当时可提供的抵押品和收入来为家庭提供资金帮助。所以，家庭当期的信用可获得性会对他们当期的消费水平产生重要影响。

（二）不确定性条件下的消费函数理论

1. 预防性储蓄模型与家庭借贷

中国的高储蓄率是很多学者研究的焦点，而储蓄在居民家庭生活中预防未知情况的保险作用是高储蓄率的重要原因之一，预防性储蓄理论就是专门研究这一问题的理论框架。预防性储蓄理论在持久收入假说和生命周期假说的基础上引入了未来的不确定性，改变了原模型中线性边际效用函数的设定，该理论认为储蓄是居民家庭抵抗未来突发情况的缓冲资产，当有不利于居民生活的情况发生时他们可以消费之前的储蓄。但在预防性储蓄理论的设定中，居民从不借贷，因此在不确定性情况下，家庭信贷会被如何影响是一个重要的后序研究方向。Lopos（2001，2002）在 Deaton（1989）的模型基础上考虑了借贷与拖欠行为，构建了包括信贷的预防性储蓄模型。在 Lopes（2001，2002）的模型中，居民家庭的资产中包含了负债，居民可以在信用卡市场进行借款。在 Lopes（2001，2002）的理论中，居民一方面以比较低的利率在银行进行储蓄，另一方面以相对较高的利率进行借贷，利率风险对居民的资产状况会造成很大影响。特别是当居民的负债不是抵押贷款的时候，由借贷形成的资金缺口就会蚕食家庭的固有资产甚至造成借款者破产或者债务拖欠的情况。Lopes（2001，2002）认为，借贷对于居民家庭来说不只起到平滑当期消费的作用，对于部分家庭来说负债可能是出于获得额外资产的战略考虑，这部分家庭并没有打算在未来清偿借款而是打算一直拖欠下去。他们是否偿还借贷的重要考虑因素是家庭可获得的信用额度及由拖欠所损失的社会成本、信息成本和法律成本等。另外，利率变化在影响家庭储蓄与借贷决策方面的情况比较复杂。一方面，利率风险较大会促使居民家庭更多地储蓄去预防这种风险，另一方面，出于风险规避的考虑又会使家庭有减少储蓄的动力。

2. 流动性约束理论与家庭借贷

流动性约束是造成金融理论与实务界现象巨大差异的一个常见因素，为了分析的方便，很多经典理论往往会设定资本市场是完备的。在众多研究中，Flemming（1973）、Dolde 和 Tobin（1971）是较早关注流动性约束的学者，他们认为把流动性这一限制条件加入到储蓄模型中分析是非常必要的。Zeldes（1989）认为，如果居民家庭的资产总值低于某一较低的资产水平（如两个月的收入），那么就可以认为这个家庭受到了流动性约束。利用这一界定，Jappelli（1990）的研究发现，没有受到流动性约束的拥有高财富收入比的家庭也会存在借贷障碍，家庭借贷能力同时受到经济因素、社会因素及收入、资产的影响。同样是利用 Zeldes（1989）的流动性约束界定，Garcia 等（1997）研究发现，流动性约束会显著影响居民储蓄和借贷行为。

随着金融市场的不断完善和发展及金融管制的不断放松，流动性约束对居民家庭的限制越来越少，人们获得借款的途径和资金量不断扩大。例如，Debelle 和 Preston（1995）通过分析澳大利亚的季度数据发现，受到流动性约束的居民比例从 20 世纪 70 年代的 40%~50%下降到了 20 世纪八九十年代的 20%~25%。在这样的背景下，研究更多地偏向于在流动性约束情况下，不同家庭特征家庭真实消费水平与期望消费水平之间的差异，这些研究包括了 Cox 和 Jappelli（1993）以及 Duca 和 Rosenthal（1993）等。研究发现，年龄会影响居民家庭的债务水平，另外家庭收入与财富水平也会影响家庭的负债。Cox 和 Jappelli（1993）的模型显示，持久收入与家庭负债概率正相关，而家庭净财富并不影响家庭负债。Duca 和 Rosenthal（1993）将模型中居民年龄限定在 35 岁以下，通过二元概率模型研究发现债务与收入没有显著关系，净财富对负债的影响也是不显著的。

二、家庭负债决策影响因素的实证研究

（一）家庭是否负债与负债程度的影响因素研究

根据以上理论研究文献综述可知，家庭债务对家庭消费及资源配置有重要影响，进一步地会对整个社会的经济情况造成影响，对家庭负债影响因素的研究是非常重要的。依据现有文献，造成家庭借贷情况差异的因素主要包括人口统计因素、家庭经济因素及未来预期和经济环境等。

1. 人口统计因素

人口统计因素是影响居民家庭金融行为的重要因素之一，Sebastian 和 Young（2003）曾利用世代交叠模型研究美国家庭的总负债变化，发现人口统计因素显著影响家庭债务的变化。人口统计因素主要包括居民的受教育程度、年龄、家庭人口以及婚姻状态等。Del-Rio 和 Young（2005a）、Magri（2007）研究了年龄对居民借贷的影响。研究发现，年龄对家庭负债程度没有显著影响，但年龄介于 30~40 岁的居民更可能持有无担保贷款。与他们不同，Fabbri 和 Padula（2004）、Crook 和 Hochguertel（2006）研究发现，年龄与居民负债显著负相关，年龄越大的居民借贷的可能越低。另外，Crook 和 Hochguertel（2007）通过对不同国家居民负债情况进行研究发现，英国和德国的 30 岁到 40 岁的居民最可能借贷，并且英国和德国负债者中的退休居民所占比率最高，其次是美国、荷兰和日本的 40 岁到 50 岁的居民。同样是对美国、英国和德国的微观家庭数据进行研究，Brown 和 Taylor（2008）发现年轻家庭所承受的财富压力更大。除了年龄，Del-Rio 和 Young（2005b）、Crook 和 Hochguertel（2007）还对居民婚姻状况对其负债的影响进行了研究，他们发现相比未婚人士，已婚居民更愿意持有无担保贷款。居民健康状况也会影响家庭的负债情况，陈斌开、李涛（2011）的研究证明健康状态越好的居民家庭负债的可能性越低。受教育程度也是经常被研究的人口统计因素之一。Del-Rio 和 Young（2005b）、Magri（2002，2007）就对受教育程度与居民负债的关系进行了研究，研究发现受教育程度与负债程度正相关，且受教育程度越高的居民贷款的可能性也更高。但陈斌开、李涛（2011）的研究并不支持这一结论，在他们的研究中，受教育年限与家庭负债没有显著关系。陈斌开、李涛（2011）对家庭规模与家庭负债的关系也进行了研究，研究发现家庭规模与家庭负债程度正相关，Fabbri 和 Padula（2004）、Crook（2001）的研究也支持这一结论。Worthington（2006）也对家庭人口情况与家庭负债的关系进行了研究，他发现子女数量越多的家庭承受的财务压力也越大。Jacobsen 和 Naug（2004）的研究也得到了一致的结论，即家庭规模越大的家庭，负债的可能性更高。

2. 未来预期与经济环境

家庭负债的重要动力之一就是平滑消费，平滑消费使居民家庭在现在和未来的生活中都能得到较高的效用，因此家庭对未来的预期会直接影响他们当期的消费及借贷情况。根据理论推断，如果居民家庭认为其未来收入会有所增加，那么他们会选择当期负债更多地增加当期消费。但如果下期收入没有达到家庭的预期收入，那么之前增加的负债会增加家庭的财富负担。因此，Campbell 和 Cocco（2003）认为，家庭在做出负债决策时应该综合考虑可能存在的利率风险、通胀风险及借款限制等。Jacobsen 和 Naug（2004）也发现，对未来收入的预期水平会显著影响家庭的负债决策。Cox 和 Jappelli（1993）研究发现，如果居民预期未来收入不会增长，那么他们就不会选择借贷。另外，他们还发现收入较低的居民家庭更可能借贷。与 Cox 和 Jappelli（1993）的发现一致，Ferri 和 Simon（2000）也认为只有预期未来收入增加的人群才会进行借贷，但利率对家庭负债的影响相对复杂，利率变化既会给负债家庭带来收入变化，同时也会带来替代效应。不同的利率预期对拥有不同年龄成员的家庭也有不同影响，成员年龄较大的家庭更在乎由于利率变化而导致的资产回报率的不同，而成员年龄较轻的家庭更在乎由于利率变动造成的借款成本的不同。Sebastian 和 Young（2003）研究发现，当期发生的在居民家庭预期之外的利率变化和收入的增加都会刺激居民家庭持有更多负债。

经济环境的变化也会影响家庭的负债决策，Debelle（2004）研究发现通货膨胀的变化会影响家庭的负债程度。另外，住房抵押贷款偿还金额的税收减免也会使居民家庭持有更多贷款。Connolly 和 McGregor（2011）通过研究澳大利亚 7500 户家庭长期的金融行为发现，由于名义利率偏低和金融创新的增加，2005 年之前有大量家庭开始负债，而在 2005 年之后债务增长速度开始放缓，到了 2008 年，金融危机蔓延致使利率下降，大量家庭开始提前偿还债务，经济环境一直都显著影响着家庭债务。除此之外，Campbell 和 Hercowitz（2005）、Treeck（2009）研究发现金融监管的放松和金融产品的创新也会增加家庭的负债。Jacobsen 和 Naug（2004）通过研究 1994 年至 2004 年的挪威季度数据发现，贷款利率的上升会降低家庭负债。Coletta 等（2014）通过对 32 个国家家庭样本的分析发现，国家破产法律的执行效率会显著影响家庭的负债水平，破产法律执行的效率越高，该国居民负债的可能性越大。

3. 家庭经济因素

收入是影响家庭借贷的重要因素之一。收入水平决定了家庭负债程度的上限，收入分配和家庭的消费倾向决定了负债的实际可能水平。从资金量衡量，收入高的家庭可以负债的程度更高，但高收入家庭负债的相对需求也较低。当收入增加时，高收入家庭增加的财富转换成储蓄的可能性相比低收入家庭更高，对应地，低收入家庭增加的财富转换成负债的可能性高于高收入家庭。当收入减少时，高收入家庭因为之前有充足的储蓄故而当期消费不会受到太大影响，而低收入家庭由于之前积累的储蓄有限，再加上本身消费习惯的惯性，所以容易产生棘轮效应。有很多学者对收入与负债的关系进行了研究。Barnes 和 Young（2004）对 1970 年以来美国家庭的债务情况进行了分析，发现相比其他原因平滑消费是美国家庭增加负债的主要原因之一。Ling 和 McGill（1998）的研究证明负债与收入正相关，Crook（2001）、Del-Rio 和 Young（2005b）、Crook 和 Hochguertel（2006）、李岩等（2014）及胡振、杨华磊和臧日宏（2015）的研究也都支持这一结论。他们还发现，相比有工作的居民，失业人群负债的可能性更低。另外，Crook 和 Hochguertel（2006）的研究显示，在西班牙和美国，失业者负债的可能性更低。Archer 等（1995）研究发现，收入较低的家庭再融资的可能性较低。Brown 和 Taylor（2008）对德国、英国和美国的样本家庭进行了研究，发现总资产最少的家庭担负的财富负担最重，最容易在金融危机中受到伤害。Worthington（2006）对可支配收入与家庭财务压力的关系进行了研究，同样发现可支配收入越高的家庭受到财富压力的影响越小。收入不仅会影响当期家庭的负债决策，收入的不平等还会加剧家庭间资产和负债的不平等程度。Iacoviello（2008）把收入不平等作为解释变量研究其对家庭资产和负债的影响，样本包括 1963 年到 2003 年的美国家庭，研究发现收入的不平等能导致后期家庭负债程度及财富水平不平等程度的加剧。Kennickell（2006）的研究从侧面佐证了这一结论。他发现，近年来收入增加的中低收入家庭，无论是财富总额还是拥有房产的可能性都得到了提升。另外，根据 Campbell 和 Hercowitz（2009）的研究，负债程度的不同也会导致居民家庭收入和拥有财富的区别放大。关于收入与家庭负债的关系，吴卫星、徐芊和白晓辉（2013）的研究有不同的发现，他们运用中国家庭微观数据，根据家庭不同负债程度对样本分类分析，研究发现并不是所有人群的收入都会显著影响家庭负债，只有负债程度较高的家庭会被收入显著影响其负债决策。在这部分家庭中，收入越高的家庭负债的可能性越高。

房产是收入之外影响家庭负债的重要因素之一。由于所占的资金量相比其他资产更大，房产对家庭负债的影响远超家庭中的其他资产。另外，房产对家庭有消费和投资的多重功能，所以房产对负债的影响情况较为复杂。Barnes 和 Young（2004）认为，美国 20 世纪 70 年代的家庭债务上升是由居民住房融资引起的。在我国，房产对居民家庭的重要性更是不言而喻，尤其是在近几年房产价值大幅度上升的背景下。何丽芬、吴卫星和徐芊（2012）的研究发现，中国近些年房价的上升使家庭住房抵押贷款规模不断上升，负债家庭比例大幅度上升。Crook（2001）也发现，拥有自主住房的家庭持有负债的可能性更高。同样存在这一现象的还有北欧国家和英国，Debelle（2004）研究发现在北欧和英国如果拥有自主房产的家庭比例上升，那么家庭负债水平也会增加。Jacobsen 和 Naug（2004）通过研究挪威家庭的数据同样发现，房产价格上升会使家庭长期负债概率增加。出现这一现象的决定因素是房产的价格水平，在家庭收入一定的情况下，房价上升导致家庭购房的压力增大负债程度随之增加。另外，房价上升还会使已购买房屋的价值增加，房产的潜在抵押价值随之上升，家庭可以进行更多贷款。关于利用抵押品再融资的问题，Campbell 和 Cocco（2003）有过论述，他们认为固定利率抵押贷款的再融资选择可以使贷款家庭支付的利息始终处于一个相对低位，如果现阶段利率水平下降，他们也不会因为签订合同时的高利率水平而遭受损失，他们可以再融资或选择减少固定水平的每月偿付，也可以要求在相同还款的基础上增加贷款额度。Campbell 在 2006 年的研究中，对抵押品的再融资进行实证检验，研究发现在 2001 年到 2003 年之间，有这样一些特征的居民家庭更倾向于利用抵押品再融资，这些特征包括成员年轻、家庭规模小、成员受教育水平高、富有、房产价值高和白人家庭。Worthington（2006）研究了房产价值与家庭财务压力的关系，发现房产价值越高的家庭受到财富压力的可能性越低。

金融资产的持有状况也会影响家庭的负债情况。Del－Rio 和 Young（2005）研究发现，金融资产持有量与家庭负债概率成反比，拥有金融资产越少的家庭负债的可能性越高。李岩等（2014）通过对中国家庭数据的研究发现，家庭总资产与家庭负债程度成反比，总资产越多的家庭负债的可能性越低。胡振、杨华磊和臧日宏（2015）的研究也支持这一结论，并且他们发现具有投资功能的资产是资产中对负债影响最大的资产种类。

（二）家庭借贷渠道的影响因素研究

根据 Cole 和 Slade（1990）的理论，金融体系分为正式金融和非正式金融两部分。其中，正式金融指被登记过的、接受中央货币机构或金融市场机构监管和记录的金融组织，我国商业银行、证券公司等都属于正式金融的范畴。非正式金融与正式金融相反，指那些没有被监管机构登记、记录及监管的金融机构，农村合作基金会、高利贷、私人钱庄及亲戚与朋友间借贷都属于这部分金融范畴。正式金融和非正式金融在现实中都是居民家庭获得借贷的重要途径，尤其在发展中国家的农村市场。Besley（1995）研究发现，由于缺乏抵押品及市场补充机制不完善，发展中国家的农村信贷市场二元结构特征明显。Kochar（1997）、Mohieldin 和 Wright（2002）通过研究印度和埃及农村家庭数据也证实了这一结论。不仅如此，Duong 和 Izumida（2002）的研究表明，大多数农户主要通过非正式金融渠道获得借贷资金。这一现象在我国农村市场也同样存在，何广文（1999），曹力群（2000），霍学喜、屈小博（2005）以及国际农业发展基金会 2011 年的研究报告（IFAD）等都指出，在我国农村，农户主要通过民间信贷的方式获得借款，IFAD 的数据甚至显示通过非正规金融获得的资金是通过正规金融机构获得资金的四倍。Kochar（1997）、Mushinski（1999）认为，之所以非正式金融渠道有很多家庭选择是因为非正式金融渠道的交易成本相比正式金融渠道在很多情况下都更低。在我国，家庭成员、朋友和熟人之间的相互借贷尤其普遍，家庭举行婚礼、葬礼的时候家族之间或是亲友之间都会互相贴补支持。这些借贷不需要任何成本，一般也没有任何收据或欠条，但由于家庭之间稳定的长期共存关系，这些债务的效力一直存在，且不会随着债务人的死亡而终止，而是会以家族的形式延续下去，冯兴元（2006）对这些情况曾有介绍。由于农村信贷市场在渠道选择上的差异较大，且正规金融发挥的作用严重不足，所以关于家庭借贷渠道影响因素的研究大部分集中在农村家庭样本上。

影响农户信贷渠道选择的因素很多，包括 Komicha（2007）研究中提到的农户对借贷渠道的个人偏好，Kochar（1997）指出的农户个体统计信息，赵丙奇（2008）认为的农户声誉以及 Duong 和 Izumida（2002）探讨过的农户借款用途等。Duong 和 Izumida（2002）认为，借款用途是影响农户借贷渠道选择的重要因素。马晓青、朱喜和史清华（2010）通过对中国农户数据的研究发现，信息不对称、交易成本、利率水平以及保险性需求都会使农户更多地选择非正式金融渠道进行借贷。朱守银等（2003）研究发现，收入越高的家庭从银行等正式金融机构借贷的可能性越高，高收入农户向亲朋好友借款资金所占比例明显低于低收入农户家庭。叶敬忠等（2004）的研究也支持这一结论，他们发现富裕的家庭和社会资源更多的家庭从农村信用社等正式金融机构获得贷款的可能性更大，而那些比较贫困的农户则很难获得正式金融机构的贷款。何军等（2005）的研究发现，农户家庭收入、户主职业及家庭劳动人口比率都是影响农户借贷渠道选择的重要因素，亲朋好友越多的家庭向亲戚朋友借贷的可能性越高。但如果借贷资金量较大时，贺莎莎（2008）研究发现，农户大多还是会依靠正规金融机构获得所需资金。黄祖辉等（2007）通过意愿调查法和实证研究法研究发现，家庭中外出务工的人数越多，家庭向正式金融机构借贷的可能性越低。他们认为，出现这一现象的原因是外出务工人员所得工资使农户家庭总收入有比较大的提升。秦建群等（2011）根据 12 个省市农户家庭负债情况的微观数据，将样本家庭分成高收入家庭和低收入家庭两个部分进行研究。研究发现对于高收入家庭来说，借贷利率、所需资金规模、农户信誉水平和家庭主要收入来源会显著影响家庭借贷渠道的选择，农户居住地银行数量越多家庭选择正式金融机构借贷的可能性越高；对于低收入家庭来说，家庭规模、信贷需求规模、银行利率和农户信誉水平是影响农户信贷渠道选择的重要因素，人口越多、信贷需求越大和信用水平越高的家庭选择银行等正式金融机构借贷的可能性越高，年龄越大的农户选择民间信贷的可能性越高。张莹、肖海峰（2015）通过对内蒙古、河北、甘肃和青海 236 个养羊户借贷数据的研究发现，年龄越大的农牧户越倾向于选择非正式金融渠道进行借贷；高收入家庭相比低收入家庭更愿意从正式金融机构借贷；借贷所需金额越高，从正式金融机构获得借贷的概率越高；相比其他目的，借贷资金用于生产经营活动的农户从正式金融渠道借贷的可能性越高；不同省份的农牧户对于借贷渠道的偏好也不尽相同，河北的农户家庭更愿意通过民间借贷进行融资，而内蒙古、青海和甘肃的农牧户更愿意选择银行等正式金融机构进行融资。童馨乐、杜婷、徐菲菲和李扬（2015）也对农户家庭的借贷行为进行了详细分析，研究发现，经济发达地区的农户采用正式金融机构进行融资的比率近年来逐渐提高，但农户主要的借贷渠道依然是无息的民间借贷。陈戎杰等（2015）通过对 2011 年中国家庭金融调查数据的研究发现，农村的土地租赁和收入分化现象也对农户的信贷渠道选择有一定作用，其中土地租赁的出现使农户从非正式金融机构借贷的比率上升；收入分化的衍变使农户选择正式金融机构借贷的概率增加，选择非正式金融机构借贷的概率减少；农户职业分化使选择正式金融机构借贷的农户家庭比率降低。

除了农户本身特征及家庭经济条件，法律与相关政策环境也会影响农户借贷渠道的选择。任常青、朴之水等（2001）研究发现，由于中国的土地归国家所有不能当作抵押品，所以农户尤其是比较贫穷的农户很难从正规金融机构获得借贷。另外，方文豪（2005）还指出，在中国农村，农户是否是村干部也是影响农户借贷渠道选择的重要因素，曾经或者拥有村干部职务的家庭更容易获得正规金融机构的贷款。张建杰（2008）研究也揭示了类似的关系，他认为关系资源、信任程度及当地的社会风气都会显著影响农户的借贷渠道选择，社会资本越高的农村家庭获得正式金融机构借贷资本的可能性越高，从非正式金融市场获得借贷资本的比率越低。此外，法制环境也会影响农村正规金融的发展，法制意识较强的农户更倾向于选择正规机构。

虽然对于家庭信贷渠道决策问题的研究大部分是关于农民家庭的，但也有部分研究的关注点不止于此。刘晓欣、周弘（2012）通过研究《中国消费金融调研报告（2009）》的数据发现，家庭金融资产的持有量对借贷渠道的选择没有显著影响，但家庭总收入却会显著影响家庭的信贷渠道选择。同时，家庭成员的健康程度与消费习惯也会影响家庭借贷渠道的选择，具体来说，家庭成员健康程度越差、食品支出占总收入比例越大，家庭向正式金融机构借贷的可能性就越低。另外，家庭规模和农户年龄对家庭借贷渠道并没有显著影响。

第四节　家庭保险相关文献综述

研究影响家庭保险购买的因素一直以来都是保险领域的一大重要议题。已有研究已包括了大量会显著影响家庭保险购买的可能因素，但绝大多数的研究都是关于人寿保险需求的影响因素分析，且很多研究的结论并不一致。分析后发现，不同的经济环境、人口特征及社会环境等都会影响居民家庭对保险的购买。本书将从理论研究与实证研究两个方面对这一部分文献进行总结陈述。

一、实证研究综述

人口特征在家庭金融中是非常重要的影响因素，同样地，人口特征中的很多因素都会显著影响家庭对保险的购买。众多实证研究发现，年龄是影响居民保险购买的重要因素，但在这些研究中，年龄对家庭投保影响的方向却没有统一结论。例如，Berekson（1972）、Showers 和 Shotick（1994）、Truett 和 Truett（1990）的研究均发现年龄与家庭投保正相关，与他们的研究不同，Ferber 和 Lee（1980）、Auerbach 和 Kotlikoff（1989）、Bernheim（1991）、Chen 等（2001）的研究却发现年龄与家庭投保负相关。除此之外，Hammond 等（1967）、Duker（1969）、Anderson 和 Nevin

(1975)的研究显示年龄并不会显著影响家庭对人寿保险的购买，Burnett 和 Palmer(1984)、Fitzgerald(1987)、Gandolfi 和 Miners(1996)的研究也都支持这一观点。同样出现这一情况的还有对受教育程度、家庭人口数、婚姻状态、出生顺序等的研究。Hammond 等(1967)、Ferber 和 Lee(1980)、Burnett 和 Palmer(1984)的研究发现受教育程度对保险购买有正向影响，受教育程度越高的居民购买保险的可能性越高，同样支持这一结论的还有 Truett 和 Truett、Browne 和 Kim(1993)、Gandolfi 和 Miners(1996)的研究。但在 Duker(1969)、Anderson 和 Nevin(1975)、Auerbach 和 Kotlikoff(1989)的研究中，接受教育越多的居民投保的可能性反而越低，受教育程度低的人才会更愿意购买保险。造成不同结论的原因可能是数据集的不同或者是研究方法的不同。例如，Berekson(1972)在研究中特意采用了两组不同的数据集进行研究，研究内容是出生顺序对寿险投保的影响。研究结果显示，不同的数据集得出的结论都支持出生顺序会显著影响寿险购买，但影响方向不同，一个研究中呈现正相关关系，另一个则呈现负相关关系。家庭规模也会对家庭保险造成影响，Hammond 等(1967)研究发现家庭规模与寿险购买需求负相关，Auerbach 和 Kotlikoff(1989)也发现成员越多的家庭购买寿险的可能性越低。与他们不同的是，Showers 和 Shotick(1994)发现成员越多的家庭购买的保险会越多，但随着家庭规模的扩大，家庭购买保险的边际增长率会下降。但在 Duker(1969)、Anderson 和 Nevin(1975)的研究中，家庭规模并不是影响家庭寿险需求的一个主要因素。同样，张冲(2013)也发现平均家庭规模与家庭平均受教育年限对人身保险需求的影响不显著。

需要说明的是，并不是所有关于人口特征因素的研究都会出现上述这些互相矛盾的情况。Browne 和 Kim(1993)的研究发现，有宗教信仰尤其是信奉穆斯林的居民购买人寿保险的可能性相比没有任何宗教信仰的居民会更低。Fitzgerald(1989)、Bernheim(1991)都对遗赠动机对保险购买的影响进行了研究，研究一致发现遗赠动机对家庭购买保险有正向影响。另外，品牌忠诚度也会影响居民对保险的购买，Burnett 和 Palmer(1984)的研究发现，品牌忠诚度越强的人购买保险的可能性越低。Headen 和 Lee(1974)研究发现，消费者信心指数也会显著影响家庭投保，两者成正相关关系。就业状况也是影响保险购买的一大因素，Mantis 和 Farmer(1968)的研究表明，被雇佣的居民投资保险的可能性越高。除了这些因素，婚前夫妇双方的投保状态也会对家庭日后保险的购买产生影响。Burnett 和 Palmer(1984)发现，若是在婚前丈夫已经购买了保险，那么在婚后家庭购买保险的可能性就会降低。与此对应，Anderson 和 Nevin（1975）的研究发现，若是在婚前妻子购买了保险，那么婚后家庭购买保险的可能性会更高。除了这些因素，家庭成员工作状态也会影响家庭保险的购买，Goldsmith（1983）通过研究家庭有收入成员个数与寿险的关系发现，家庭有收入的成员越多，家庭的保险需求越低。但 Ferber 和 Lee（1980）却发现了相反的结论。为了区别工作与否对寿险需要的不同影响，Miller（1985）特意对样本中同样年龄的人群进行有工作和没工作的对比研究，发现没有工作的人比有工作的人的寿险需求更低，他们认为会出现这种现象的原因在于没有工作的人群没有雇主为他们分担保险费用。李涛等（2010）在研究中国城市居民金融排斥状况时，分析了家庭中未成年人数量、老年人数量及家庭规模对家庭保险受排斥情况的影响，他们的研究表明家庭中未成年人人数与老年人人数越少的家庭购买保险的可能越低，而家庭总人数的影响并不显著。樊纲治、王宏扬（2015）研究了家庭老年人占比、少年儿童占比、就业者占比以及家庭规模对家庭商业人身保险需求的影响，发现老年人占比越高的家庭和家庭规模越大的家庭购买商业寿险的概率越低，就业者占比高的家庭也不倾向于购买商业保险，与此相反，少年儿童占比越高的家庭购买商业寿险的可能性越高。

家庭经济情况和经济环境会直接影响家庭金融观念及行为选择，对保险购买的重要性也是不言而喻的。Ferber 和 Lee（1980）研究了家庭预算与信用卡数量对家庭投保的影响，他们的研究显示家庭预算越高的家庭更可能购买保险，持有信用卡数量越多的家庭购买保险的可能性越高。同样地，Anderson 和 Nevin（1975）的研究显示，预期收入越高的家庭对保险的需求越大。Fitzgerald（1987）的研究发现，丈夫和妻子的工资越高，家庭购买保险的需求量越大。根据供需定律，商品价格越高会使该商品的需求越低，但由于保险并不是普通商品，Babbel（1985）、Browne 和 Kim（1993）对保险价格与保险需求的关系进行了专门研究，他们的研究显示，家庭购买保险的需求确实会随着保险价格的上升而下降。作为家庭经济情况的重要决定因素，家庭实际收入对家庭保险投保的影响是很多学者研究的重点。大多数的研究都支持收入越高的家庭会愿意购买更多的保险，如 Hammond 等（1967）、Mantis 和 Farmer（1968）、Duker（1969）、Neumann（1969）、Berekson（1972）、Fortune（1973）、Browne 和 Kim（1993）、Showers 和 Shotick（1994）、Gandolfi 和 Miners（1996）等。但在众多研究中，Anderson 和 Nevin（1975）却得到了不一样的结论。他们把家庭按照收入的不同分为低收入家庭、中等收入家庭与高收入家庭三类分别进行研究，研究结果显示，在低收入家庭与高收入家庭中，收入越高的家庭购买保险的需求越大，但在中等收入家庭中，收入与保险需求呈反比，收入越高的家庭投保的可能性反而越低。Berekson（1972）的研究结果与大部分研究不尽相同，他选取来自两个不同大学的两个样本分别进行研究，两个样本得到的结论并不相同，一个样本的研究结果显示收入与保险购买呈显著正相关关系，而来自另一个大学的样本结果却显示收入与保险购买并没有显著关系。除了家庭的经济情况，社会保障对家庭商业保险的购买也会产生直接影响。Bernheim（1991）、Browne 和 Kim（1993）的研究均显示，社会保障与人身保险投保需求呈正相关关系，可 Fitzgerald（1987）、Lewis（1989）的研究结果却正好相反，他们的研究表示社会保障与人身保险购买负相关。Rejda 等（1987）的研究也表明社会保障范围的扩大会使居民购买人身保险的需求下降。

二、理论研究综述

对保险需求的理论研究，通常包括风险态度、遗赠动机、通货膨胀、财富等因素。

1. 风险态度

居民的风险态度对保险购买的影响是经常被讨论的问题之一，关于这一问题的研究包含的范围很广。本书将对这一领域中比较重要的研究进行总结。Greene（1963）的研究发现，人们在投资风险资产时会受到个人风险态度的影响，他认为居民的经历背景并不会影响其购买保险的决定。Szpiro（1986）的研究同样支持这一观点，他的研究显示相对风险厌恶系数在 1.2~1.8 的居民更愿意购买保险。Cook 和 Graham（1977）发现，理智的风险厌恶居民的最优投资策略并不支持购买全部的保险产品，他们还检验了购买全部保险产品给投资者带来的效率，发现违约等情况的发生使购买全部保险产品反而会降低居民的投资效率。Doherty（1984）从投资组合分散化的角度研究了居民对保险的购买，研究发现厌恶风险的投资者购买保险并不会优化他的投资组合。Chesney 和 Louberge（1986）研究了风险态度与财富水平对保险购买的影响，发现风险态度与财富水平会共同影响家庭的投保决策。他们认为，若是研究风险态度对投保的影响就不能把财富水平遗漏，两者必须同时出现不能分开考虑。Eisenhauer 和 Halek（1999）则得到了不同的结论，他们的研究发现，与居民的风险厌恶程度相比，居民的谨慎态度对他们购买保险决策的影响更大。Briys 和

Schlesinger（1990）专门研究了风险厌恶程度与个人投保的关系，发现越厌恶风险的居民给自己投保的可能性越低。Cleeton 和 Zellner（1993）的研究检验了保险需求与居民初始财富的关系，发现风险厌恶程度是影响两者关系的决定因素。他们还发现，只要收入增加，无论保险在什么价格水平上它的需求曲线都会移动，说明保险在大多数情况下对投资者来说都不等同于普通商品。

2. 通货膨胀

部分文献研究了通货膨胀对居民购买保险决策的影响，这些研究集中在对人寿保险的购买上。其中较早的一篇文献来自于 Greene（1954），他认为虽然保险能够帮助居民抵抗很多风险，但却无法保护投保者幸免于通货膨胀的影响。Neumann（1969）的研究也支持这一观点，并且认为人寿保险需求与预期价格没有任何关系。与他们不同的是，另一些学者发现通货膨胀与人寿保险需求是有关联的。Hofflander 和 Duvall（1967）针对这一问题构造了两个模型进行研究，发现若是居民消费指数增长一个百分点，那么人寿保险的需求量会从 9 亿美元下降到 120 万美元。Babbel（1981）利用巴西的数据同样认为，通货膨胀会使人寿保险的需求下降。Williams（1986）的研究指出，利率上升会使年金保险的需求下降。然而，Fortune（1972）的研究对这一问题给出了不同的结论，他的研究发现，人寿保险需求与预期价格水平正相关，也就是说随着物价水平的上升人寿保险的需求量也会上升。

3. 财富与遗赠动机

居民家庭的财富状态会影响居民对风险资产和保险的态度。Mossion（1968）是早期这个领域被引用较多的文章之一。他在研究中发现，如果居民的绝对风险厌恶系数是递减的且所买保险价格是经过精算后的合理价格，那么居民应该持有的最优保险份额与居民收入成反比。

为了确定遗赠动机和寿命不确定性对居民保险购买的不同影响，很多文献在构造理论模型时增加了寿命不确定性这一限制条件。Yaari（1965）的研究是这个领域中较早的一篇，他的研究考虑了寿命的不确定性并把其他因素都默认为确定的。他的研究证明，最优储蓄计划与最优消费计划是对称的。所以，为了减少家庭人力资源突然减少带来的收入断层，实现居民消费生命周期最大化，人们可以通过购买保险平滑自己的收入为自己的子孙留下遗产。Fischer（1973）的研究也认为，如果居民没有遗赠动机，那么他们就不会购买人寿保险。Davies（1981）的研究发现，不论养老金是不是现阶段就可以领取，出于寿命的不确定性，居民的消费比率都会随着年龄的增长而递减。另外，Karni 和 Zilcha（1986）还构造了一个在寿命不确定且没有遗赠动机情况下的模型，以检验风险厌恶程度对人寿保险投保的影响。

Fitzgerald（1989）研究了遗赠动机对保险需求的影响。他们通过研究已婚家庭中丈夫比妻子先去世的样本家庭保险购买情况发现，家庭保险需求量取决于他们希望未来独自生活一方的生活能有多富裕。另外，他们的研究还发现遗产中赠予遗孀的资产比例会随着遗孀的年龄增长而增加，但在 74 岁之后遗赠比例就会开始下降。Bernheim（1991）的研究也强调了财产和遗赠动机对家庭保险购买影响的重要性。他们发现，社会保险的存在会降低家庭年金保险的购买，但却会促进家庭购买更多的人寿保险。

除了专门讨论保险需求影响因素的文献之外，还有一些文献是综合探讨影响保险购买和其他风险资产投资的因素的。Headen 和 Lee（1974）的研究发现，决定家庭购买保险的因素包括家庭储蓄情况、消费敏感度及金融市场的一些相关条件等。Mayers 和 Smith（1983）发现，富有的居民家庭不一定就对保险的需求更低，保险政策的制定取决于其他金融资产的收益率。所以他们认为，家庭购买保险的决策与投资其他金融资产的决策是互相影响的。Meier（1998）探讨了家庭对人身保险需求和长期护理保险需求的关系。在他们的模型中，效用由消费和遗产共同决定，消费的效用根据健康状态的不同而不同。研究发现，居民对人身保险的需求会随着收入的降低而增加，希望造福于他人的居民会为自己购买更多的人生保险。

第三章
理论假设与数据说明

第一节　理论假设

一、理论基础

家庭是人一生中都无法脱离的话题。人类的繁衍方式决定了人的群体属性，而家庭无疑是人类众多群体组织中无法撼动的最基础的组织形式。无论社会如何变迁，无论环境如何变化，家庭永远是人类最初也是最后的庇护所。根据百度百科的解释，家庭是指在婚姻关系、血缘关系或收养关系基础上产生的，亲属之间所构成的社会生活单位。作为社会细胞的家庭，其对人类社会的重要性不言而喻。这些重要性不只体现在居住形式上，家人之间精神上的互相交流与支持、经济上的互帮互助是家庭功能的重要内核。

在市场经济出现之前，家庭甚至是社会中主要的交易组织形态。虽然在市场经济出现之后，家庭的交易主体地位被市场取代，但家庭中的隐形交易契约依然存在，并且在整个经济活动中占有重要地位。陈志武（2007）曾在文章中对家庭中的隐性契约有过阐述，他指出："其一，在家庭内部存在各种隐性契约关系，上辈人对下辈人有投资，所以后辈人有隐形'回报'责任；其二，因为血缘和亲缘关系，家庭能在某种程度上降低各成员间利益交往的风险，家文化在家庭和家族的生产中起到重要作用。"家庭的隐性契约相比其他社会契约拥有独特特征：首先，家庭隐性契约并没有预先设定家庭成员的行为标准，所有的行为模式都依据社会大多数家庭的相似契约设定和执行；其次，家庭内部交易通常没有时间节点限制，偿付期和偿付方式都没有具体规定形式，等价交换的市场原则在家庭交易中也并不存在；最后，家庭契约由于其内部交易特征，并不通过法律等社会立法机关监督执行，契约完成的动力来自于内心道德的约束和外部舆论谴责的督促。所以，家庭契约的整个运行过程基本都是隐性的，它对居民家庭经济活动的影响通常难以度量。虽然家庭内部契约难以度量，但为了正确捕捉居民家庭经济行为的影响因素，众多学者并没有放弃这一领域，他们通过构建理论模型和实证模型对家庭成员间代际转移、风险共担等隐性经济行为进行了分析研究。

生命周期消费理论是在凯恩斯绝对收入假说基础上发展起来的理论假说之一，该理论认为影响个人消费规划的主要因素不是当期收入，而是其一生的收入。在生命周期消费理论中，人们会在较长的时间段内规划筹谋他们的生活，每期的消费开支都是人们对其整个生命周期消费情况综合考虑后作出的最佳选择。在人的一生中，生老病死是所有人不能逆转的过程，生命的衰老和陨落是每个人都会面对的问题。因此，生命周期理论主要将人的一生分为两个阶段进行考虑，即摒弃未成年被抚养的岁月，每个人都会有青壮年期和老年期。根据一般社会及生命规律，青壮年期是人们工作积累资本的主要阶段，而老年期由于人力资本的下降人们能获得的收入减少，再加上老年阶段是人一生中遭受大概率健康冲击的主要时期，人们在综合考虑后通常会在青年时期进行储蓄以使老年时期有足够的资产支撑自己的生活平滑一生消费。生命周期消费理论出现之后，负担假说随之提出，认为由于老年人的主要消费来源是年轻时的储蓄收入，老龄化越严重的家庭储蓄率越低。虽然生命周期消费理论主要探讨的问题是个体一生中的消费规划问题，但该理论的分析框架其实可以拓展到人们其他的经济行为中。在生命周期消费理论中，老年人被认为获得收入的能力显著降低，这在现实生活中也是普遍存在的现象。老年人由于身体的衰老，体力和脑力都明显下降，在大多数国家，65 岁的老年人都已退休进入颐养天年的阶段。如果说年轻人处于“攻击”阶段的话，那么老年人就处于“防守”阶段，比起增加资产，老年人更在乎的是生活的平稳。沿用生命周期理论的框架，假设所有个体都是理性经济人，都会依据一生收入合理安排每一期金融行为使其一生达到最大效用，我们推断，老年时期不仅人们的储蓄会减少，负债、风险资产投资、增值类保险等存在风险和用于资本增值的消费行为都会减少。

抚养比对家庭经济情况的影响一直都是学者关注的焦点。抚养比是指人口总体中没有劳动能力的人口与劳动人口的数量比，理论界认为抚养比越高社会储蓄率越低。抚养比可分为老年抚养比与少儿抚养比。老年抚养比对经济的影响和负担假说一致，老年抚养比越高社会储蓄率越低。少儿抚养比通常指年龄低于14岁的人口与劳动年龄人口之比。在我国，法定劳动年龄人口指年龄在16~60岁的男性和年龄16~55岁的女性。虽然抚养比最初是作为宏观经济概念出现的，但在家庭金融不断发展壮大之后也被纳入了家庭金融的研究中。与老年人一样，少年儿童时期也是个体很难获得劳动收入的时期，尤其大多数国家都有相关法律规定禁止企业雇佣童工，所以大部分少年儿童是没有任何合法收入的，他们的生活完全依赖于父母亲人的供养。作为家庭中“甜蜜的负担”，孩子在拥有独立生活能力之前虽然没有任何收入但消费却从不会少，哪怕一个儿童接受的所有教育都是国家义务提供的，他生存所需的食物、衣物等也是一笔不小的消费。除了生活必需品，很多家庭出于对孩子的爱和能力培养等还会对孩子进行很多额外的投资消费。不难想象，在大多数家庭中，拥有更多孩子的家庭经济负担也会相对较大，尤其在劳动人口数量小于少年儿童人口数量的时候家庭压力会更大。因此，我们可以推断有子女的家庭相比其他家庭来说，家庭储蓄率可能相对较低，投资风险资产的可能性和投资比率也比较低，同时由于家庭负担较重，家庭负债的可能性较高，购买子女少儿险的可能性更高。

如果说负担假说是描述个人通过对其每一期消费储蓄的分配来保证一生生活水平的理论的话，那么家庭消费风险共担理论就是描述一家人通过互相支持来保证全家人一生生活水平的理论假说。风险共担理论在Debreu（1959）、Arrow（1964）的理论中萌芽，Diamond（1965）、Wilson（1968）将其成型并完善。陈志武（2007）提到的家庭间上辈对下辈投资、后辈对长辈照料这种隐性契约便是家庭成员间风险共担的一种表现形式。随着金融市场的不断完善和金融工具的不断创新，家庭间的风险共担在当代不仅可以通过家庭成员间互相借款这种隐形契约的形式存在，家人间互相购买保险也是分散家庭风险的可选方法之一。理论上说，如果金融市场是完备的，家庭可以通过风险共担避免受特定收入冲击或财富冲击的影响，平滑家庭的整体消费。虽然现实远没有达到完备金融市场的假设，但风险共担的意识可使家庭成员间彼此支持、统筹规划，很大程度上能减缓个人问题给家庭带来的负面经济影响。尤其是对于中国家庭来说，家庭的整体利益往往高于家庭中个体的意愿，家庭财务规划的首要目标就是保证所有家庭成员的平稳生活。除了整体性，中国家庭财务规划的另一大特点是超前性。未雨绸缪是中国人崇尚的优良品质，能够有预见性地规划自己的生活是大多数中国人追求的生活理念。因此，在中国家庭中，尤其是代际共居的家庭，同时考虑上辈和下辈的生活需要对于户主来说是非常重要的，对家庭整体金融决策的制定有举足轻重的影响。与子女一起居住的家庭会充分考虑到子女的需要，如果孩子未成年，户主会考虑子女的抚养费用，如果孩子已成年，还有婚姻费用需要考虑等。与父母同住的家庭，则会考虑父母的身体状况、经济状况等问题。不同的家庭结构会产生不同的家庭财务目标。

除了家庭代际关系，对于与子女同住的家庭，子女的婚姻状态和性别也会对家庭财务目标产生不同影响。近年来，我国男女性别比差异日益增大。中国国家统计局数据显示，2015 年中国总人口为 137462 万人，其中男性人口 70414 万人，女性人口 67048 万人，总人口性别比为 105.02（以女性为 100，余同），出生人口性别比为 113.51。在正常情况下，出生性别比一般在 103～107。中国的出生性别比在 20 世纪 80 年代之前基本正常，但在 1982 年之后迅速攀升，到 2004 年高达 121.18。尽管自 2009 年以来出生性别比有所下降，但仍然徘徊在 117 左右的高位。如此悬殊的男女性别比，使中国光棍危机严重，约有 3000 万男性人口将面临“打光棍”的局面。无论时代和社会如何转变，婚姻对于每个人来说都是非常重要的，尤其对于中国人来说，婚姻不仅是个体的“终身大事”，更是每个未婚男女父母心中的“头等大事”。这“头等大事”的重要性不只体现在每个父母的心中和口中，更体现在每个家庭的金融行为中。中国自古就有女备嫁妆、男备聘礼的习俗，在儒家文化的长期熏陶下，男方准备住房的惯例一直以来都是社会默认的隐性契约。虽然近年来随着我国人口结构的变化，家族的概念已经越来越淡化，但这一惯例依然被大多数中国家庭追随。尤其面对中国婚姻市场上男多女少的现状，很多男方家庭为了使自己的儿子更具竞争力，积攒财富的动力越来越强。我国住房市场在实施房改政策后，住房价格不断出现新高，几年时间北上广的房价已经可以赶超华尔街的房价，购置住房成为家庭最大的消费项目之一。虽然很多男性希望能够靠自己的力量支付房款或首付，但异常昂贵的房价或房贷首付已经很难让工作时间还比较短暂的年轻人承受得起，父母的资金援助甚至决定了该男性是否能购置房产。因此，儿女婚姻对于父母的经济压力越来越大，拥有男性子孙的家庭更是如此，婚房的购置成了很多男性子孙家庭主要的经济任务。由此现象我们可推断，为了快速积累尽可能多的财富，拥有未婚男性子孙的家庭相比拥有未婚女性子孙的家庭会持有更多的风险资产进行投资，持有较少的银行储蓄和负债。子女已婚家庭相比未婚家庭应该会持有更多住房贷款，尤其是男性子孙已婚的家庭。

除了婚姻问题中男女间责任的不同，男女性别差异在其他方面也有很多体现。不只在传统的东方社会，西方社会中同样长期存在男女不平等的现象。女权主义在当今社会日益盛行，女权主义口号背后是长期存在的男权主导的社会模式。男女不平等一直以来都是被女性诟病的社会问题，以工作岗位为例，相比男性，女性能够得到的工作岗位机会更少，在工作中晋升的机会也更少。在我国这样的传统东方国家，男女不平等的现象更是屡见不鲜，“男主外，女主内”是中国人对男女社会分工的传统观念，在中国古代，这种观念不只支配夫妻组成的家庭分工，甚至男女一出生就默认执行这种观念。在清朝，中国女性大多还不会接受任何文化教育，所谓“女子无才便是德”很能反映古代社会对女性的社会定位。随着中华人民共和国的成立，毛泽东主席提出了妇女解放，我国女性的地位开始逐渐上升，尤其在计划生育之后，由于城镇居民家庭只能生一个孩子，只拥有女孩的家庭越来越多。虽然很多家庭仍然摆脱不了男孩才是家庭传承人的传统观念，但现实的不可选择性使他们只能在年老时依靠唯一的女儿，因此独生女家庭对女儿的培养和教育越来越趋同独生子家庭，子女性别对家庭的差异越来越小。在这样的社会背景下，女性接受了更好的教育，拥有了更多的机会，无论是收入和社会地位都越来越趋同于中国男性。然而，男女不平等现象仍然存在，经济的不平等可以在短时间内有较大程度的改善，但思想上的改变却需要一代代人的不断洗涤。哪怕在现今社会，独生女家庭的父母对女孩的教育理念依然停留在“女怕嫁错郎”的理念，相比于在工作中获得更高的地位，拥有好的婚姻才是大多数中国父母认为的女孩的理想生活。相比于男性，适龄女性未婚会遭受更多的舆论指责，“剩女”这种带有恶意的称呼不绝于耳。相比于男性子孙家庭为了儿子未来生活殚精竭虑增加财富的理财理念，女性子孙家庭往往更追求生活的稳定，他们往往会拥有更多的银行储蓄，投资于风险资产的动力低于男性子孙家庭，负债的意愿也更低。

二、提出假设

基于以上的理论和事实分析可知，不同结构家庭的财务规划目标有很大不同，有的家庭希望能快速积累财富，而有的家庭的目标是经济的稳定。在不同目标的指引下，家庭间的金融行为也各有不同。因此，我们对不同家庭结构的家庭金融行为提出不同假设，并在第四章、第五章、第六章和第七章分别从家庭储蓄、风险资产投资、负债和保险四个方面进行实证检验。需要说明的是，以下所有内容都建立在所有家庭决策者都是理性经济人及金融市场没有摩擦的假设基础之上。

1. 假设 1

假设 1 的内容主要针对三代同堂、与子女同住、与父母同住三种多代同住家庭和独代居住家庭间金融行为的异同。鉴于本书对家庭金融行为的研究包括储蓄、风险资产投资、负债和商业保险四个方面，故我们把假设 1 分成四个部分进行说明。

（1）假设 1a：三代同堂家庭、与子女同住家庭和与父母同住家庭比独代居住家庭广义储蓄的可能性和人均储蓄率都更低，银行存款的可能性和人均存款率也更低。

（2）假设 1b：三代同堂家庭、与子女同住家庭和与父母同住家庭比独代居住家庭投资风险资产的可能性更低，人均投资比例也更低。

（3）假设 1c：三代同堂家庭、与子女同住家庭和与父母同住家庭比独代居住家庭负债的可能性更高，负债比率也更高。

（4）假设 1d：三代同堂家庭、与子女同住家庭和与父母同住家庭比独代居住家庭购买保险的可能性更高。

根据负担理论和风险共担理论可知，相比独代居住家庭，大多数与父母同住家庭的成员平均年龄更大，家庭大多处于消费多于储蓄的生命阶段，因此储蓄、银行存款、风险资产投资都会更少，如果家庭出现疾病冲击等大资金量消费情况，家庭为了应对，负债的可能性也更强。同样，根据少儿抚养比对家庭经济的影响及风险共担理论，与子女同住家庭相比独代居住家庭，家庭劳动人口普遍少于家庭总人口，家庭负担更重，故存有储蓄的比率会更低，投资风险资产的资金和银行存款都更少，家庭负债的可能性更大。三代同堂家庭与独代居住家庭相比的状态是前面两类家庭的综合，因此作出同样假设。另外，考虑到未来可能出现的经济冲击，如父母突发疾病或面临子女结婚压力，三种代际共居家庭相比独代居住家庭更希望在家庭经济情况稳定的前提下有一定生活保障，因此购买保险产品的意愿更强。

2. 假设 2

假设 2 的内容主要针对三代同堂和与子女同住、与父母同住两类两代共居家庭间的金融行为差异。鉴于本书对家庭金融行为的研究包括储蓄、风险资产投资、负债和商业保险四个方面，故我们把假设 2 分成四个部分进行说明。

（1）假设 2a：与子女同住家庭和与父母同住家庭比三代同堂家庭广义储蓄的可能性和人均储蓄率更高，银行存款的可能性和人均存款率也更高。

（2）假设 2b：与子女同住家庭和与父母同住家庭比三代同堂家庭投资风险资产的可能性更高，人均投资比例也更高。

（3）假设 2c：与子女同住家庭和与父母同住家庭比三代同堂家庭负债的可能性更低，负债比率也会更低。

（4）假设 2d：与子女同住家庭和与父母同住家庭比三代同堂家庭购买保险的可能性更低（除子女少儿险以外）。

与假设 1 中的原因一致，基于负担理论、抚养比对家庭经济的影响及风险共担理论，考虑到三代同堂家庭比另两种家庭负担更重，因此与另两种家庭相比，三代同堂家庭消费项目会更多，储蓄会更少，负债可能性更高，银行存款和风险资产投资的资金量更少，但对生活稳定的追求更强，所以购买保险的意愿更强。

3. 假设 3

假设 3 的内容主要针对与子女同住和与父母同住两类两代共居家庭间的金融行为差异。鉴于本书对家庭金融行为的研究包括储蓄、风险资产投资、负债和商业保险四个方面，故我们把假设 3 分成四个部分进行说明。

（1）假设 3a：与父母同住家庭比与子女同住家庭广义储蓄的可能性和人均储蓄率更高，银行存款的可能性和人均存款率也更高。

（2）假设 3b：与父母同住家庭比与子女同住家庭投资风险资产的可能性更低，人均投资比例也更低。

（3）假设 3c：与父母同住家庭和与子女同住家庭的负债情况主要在于负债渠道和理由的不同，与父母同住家庭向亲戚朋友出于健康理由的借债更多，与子女同住家庭向银行贷款出于教育理由的负债会更多。

（4）假设 3d：与父母同住家庭比与子女同住家庭购买人身保险的可能性更高，购买增值类保险的可能性也更高，购买子女少儿险的可能性更低。

做出以上假设是基于以下考虑：与父母同住家庭和与子女同住家庭两相对比可以发现，户主父母工作时间必然长于户主子女工作时间，因此与父母同住家庭的总财富理论上普遍高于与子女同住家庭，家庭储蓄更高。在经济负担方面，与父母同住家庭最大的经济冲击和负担是父母的健康问题，与子女同住家庭则有幼年子女的抚养和婚姻问题需要考虑，由此可知，与父母同住家庭一旦发生经济冲击，家庭会在短时间内面临较大的资金需求，而与子女同住家庭的长期经济压力较大，两者都存在资金压力，但压力存在的时间长度和方式不同。在综合考虑家庭财富与经济负担之后我们推断，与子女同住家庭相比与父母同住家庭，更希望家庭财富能有较大规模的上升，而与父母同住家庭更期望家庭的财务状况是稳健的、经得住经济冲击的。因此，与子女同住家庭更可能投资风险资产并且投资比率更高，而与父母同住家庭的储蓄和银行存款更多，且购买保险的意愿更强(不包括子女少儿险外)。在负债方面，由于两种结构的家庭都有不同的压力，所以总负债的情况相差无几，区别应该在负债渠道和原因的不同，与父母同住家庭向亲戚朋友借钱的可能性更高，出于健康原因负债的可能性更高，而与子女同住家庭向银行贷款的可能性更高，出于教育的理由负债的可能性更高。

4. 假设 4

假设 4 的内容主要针对与子女同住家庭中的子女未婚家庭和子女已婚家庭间的金融行为差异。鉴于本书对家庭金融行为的研究包括储蓄、风险资产投资、负债和商业保险四个方面，故我们把假设 4 分成四个部分进行说明。

（1）假设 4a：子女未婚家庭比子女已婚家庭广义储蓄的可能性和人均储蓄率更高，银行存款的可能性和人均存款率更低。

（2）假设 4b：子女未婚家庭比子女已婚家庭投资风险资产的可能性更高，人均投资比例也更高。

（3）假设 4c：子女未婚家庭比子女已婚家庭负债的可能性更低，负债比率也更低。

（4）假设 4d：子女未婚家庭比子女已婚家庭购买子女少儿险的可能性更高，购买其他保险的可能性更低。

以上假设主要建立在如下考虑之上：在与子女同住家庭中，子女未婚家庭由于子女成长需要和婚姻驱动会有更大的动力追求资本增值，更愿意为此承担风险。因此，子女未婚家庭投资风险资产的可能性和资产比率更高，保险购买的意愿更低，广义储蓄的比率更高但银行存款的比率更低。另外，由于房产价格近些年来持续飙升，购置婚房的成本越来越大，大多数家庭为了结婚负债的可能性更高，因此已婚子女家庭负债的可能性和负债程度会高于子女未婚家庭。

5. 假设 5

假设 5 的内容主要针对与子女同住家庭中的男性子孙家庭和女性子孙家庭间金融行为的差异。鉴于本书对家庭金融行为的研究包括储蓄、风险资产投资、负债和商业保险四个方面，故我们把假设 5 分成四个部分进行说明。

（1）假设5a：男性子孙家庭比女性子孙家庭广义储蓄的可能性和人均储蓄率更高，银行存款的可能性和人均存款率更低。

（2）假设5b：男性子孙家庭比女性子孙家庭投资风险资产的可能性更高，人均投资比例也更高。

（3）假设5c：男性子孙家庭比女性子孙家庭负债的可能性更高，负债比率也更高。

（4）假设5d：男性子孙家庭比女性子孙家庭购买保险的可能性更低。

以上假设主要建立在如下考虑之上：中国传统文化中对男性子孙的重视程度远远超过女性子孙，虽然随着时代的发展，支持男女平等的政策都越来越多，但历史遗留的观念不是一朝一夕就能改变的，男性子孙从家庭中得到的经济支持依然超过女性。就结婚来说，大多数家庭依然持有男性家庭承担大多数经济压力的思想，所以男性子孙家庭无论是财富增长的动力还是经济负担都大于女性子孙家庭。故而与女性子孙家庭相比，男性子孙家庭消费更少，投资风险资产的动力更足，负债的可能性也更大，购买保险的意愿更低。

6. 假设6

假设6的内容主要针对与子女同住家庭中的未婚男性子孙家庭和未婚女性子孙家庭间金融行为的差异。鉴于本书对家庭金融行为的研究包括储蓄、风险资产投资、负债和商业保险四个方面，故我们把假设6分成四个部分进行说明。

（1）假设6a：未婚男性子孙家庭比未婚女性子孙家庭广义储蓄的可能性和人均储蓄率更高，银行存款的可能性和人均存款率更低。

（2）假设6b：未婚男性子孙家庭比未婚女性子孙家庭投资风险资产的可能性更高，人均投资比例也更高。

（3）假设6c：未婚男性子孙家庭比未婚女性子孙家庭负债的可能性更高，负债比率也更高。

（4）假设6d：男性子孙家庭比女性子孙家庭购买保险的可能性更低。

以上假设与假设5建立的初衷相同，专门提取出未婚子女家庭的样本进行男女性别对家庭金融行为影响的研究，主要是考虑到未婚子女家庭是受子女状态影响最大的一群样本家庭，通过对未婚子女家庭的再分类，可以更准确地了解子女性别差异对家庭金融行为的影响。

第二节　数据说明

一、数据来源

本书数据主要来自中国国家统计局 2009 年的“中国城镇居民经济状况与心态调查”。大多数社会经济学信息在个体层面收集，调查家庭包括单独居住家庭及多人家庭，采集每个家庭成员的信息，具体包含了 5056 个家庭的 14109 个居民的数据。调查地区包括东部地区 11 个省份，中部地区 8 个省份，西部地区 12 个省份，共计 31 个省份。其中，东部地区包括北京市、天津市、河北省、辽宁省、上海市、江苏省、浙江省、福建省、山东省、广东省、海南省；中部地区包括山西省、吉林省、黑龙江省、安徽省、江西省、河南省、湖北省、湖南省；西部地区包括内蒙古自治区、广西壮族自治区、重庆市、四川省、贵州省、云南省、西藏自治区、陕西省、甘肃省、青海省、宁夏回族自治区、新疆维吾尔自治区。本文样本数据中的家庭全部来自于各省、市、区的市区和县城，调查数据不包括农村家庭。在 5056 个家庭中，4638 个家庭来自于市区，占总样本的 91.73%，418 个家庭来自于县城，占总样本的 8.27%。本书样本数据主要反映的是中国城市居民家庭的金融行为。

二、数据描述

为了对样本数据有更具体和直观的了解和定位，本书在这一部分对样本数据进行初步描述性统计，主要从家庭经济情况和户主个体信息两方面对数据进行说明。

1. *户主信息*

在研究家庭的金融行为时，一个直接影响分析有效性的重要问题是在一个多人的家庭中，到底谁是金融投资的决策者，只有明确真正决策者的信息，关于个体特征的相关研究设定才是有效的。本书所采用的调查问卷，对“户主”的定义进行了专门的说明。问卷中明确指出，户主为其家庭成员所公认，在家庭事务中基本上起决定作用者，在大多数情况下，户主是家庭经济的主要支撑者，不一定是户口本上的户主。因此，本书中所指户主就是家庭金融决策的主要制定者。另外，为了确保调查数据的可靠性，调查人员在调查过程中会根据此定义实地调查确定户主，确保“户主”信息不是随意填写，也不是按一般习惯将家庭年长者或户口册上的户主定为户主，确保了“户主”信息的有效性。据此，我们可以相信，本书样本数据中的“户主”就是家庭金融行为的主要决策者。

通过对样本数据中每个家庭户主数据的描述性统计分析，我们发现本书样本家庭户主的平均年龄为 50 岁，其中 66.99%的户主为男性。除了年龄与性别，受教育水平一向被认为是影响家庭金融决策的重要影响因素，本书将受教育水平分为四组进行研究，分别是初中及以下、高中或中专、大学专科或本科及研究生水平。统计结果显示，在 5056 个样本家庭中，有 1702 个家庭户主只接受过初中或初中以下教育，有 1625 个家庭户主接受了高中或中专程度的教育，有 1668 个家庭户主持有大学专科或本科学历，另外有 61 个家庭的户主接受了研究生水平的教育，四种家庭分别占总样本的 33.66%、32.14%、32.99%和 1.21%。就婚姻情况来说，本书样本数据中的户主绝大多数已婚，共 4603 户家庭，占总样本的 91.04%。

2. 家庭经济情况

表 3-1 是总样本中家庭经济情况的描述性统计。由表 3-1 可知，在我们的样本数据中，2008 年家庭平均总收入为 28836.43 元，收入最高的家庭年收入将近 50 万元。家庭平均总资产为 52.218 万元，其中总资产最低的家庭只有 111 元，总资产最高家庭有 1261 万元，资产分布差距较大。家庭平均总负债 3090 元，负债最多的家庭有 50 万元的负债。家庭负债资产比的均值为 3.87%，说明本书样本家庭平均负债水平较低。在消费方面，家庭平均总消费水平为 24450 元，消费最少家庭一年只消费 17.7 元，消费最多的家庭一年消费高于 83 万元，消费水平差距较大。在房产方面，每户家庭平均拥有一套房产，最多的家庭拥有四套房产。每户家庭的平均总财富为 48 万元，最少的家庭只有 81 元，而最多的家庭总财富可达到 1260 万元，总财富包括家庭现金、银行存款、股票、基金、外汇、债券、期货、住房公积金、保险金、收藏品的估计市场价值、其他金融理财产品、借出款、向企业或其他经营活动的投资、家庭经营活动占有的自有资金、房产的总和，不包括总资产中的家庭耐用消费品和自由生产性固定资产。平均每户的金融资产为 7 万元，最多的家庭有 410 万元的金融资产，金融资产包括现金、银行存款、股票、基金、外汇、债券、期货和其他理财产品。家庭金融财富与总财富的占比平均达到了 88%，占比最低的家庭也有

11.4%，可见家庭中金融财富占比普遍较高。

表 3-1　总样本家庭经济情况统计

变量	均值	方差	最小值	最大值
2008 年总收入（万元）	2.886	1.995	0	44.983
总资产（万元）	52.218	57.503	0.0111	1261.414
总负债（万元）	0.3087	1.765	0	50
总消费（万元）	2.445	3.436	0.177	83.746
总财富（万元）	48.303	52.939	0.0081	1260.414
金融资产（万元）	7.063	13.343	0.00177	410.269
房产数量	1.0925	0.459	0	4
负债资产比（%）	3.87	91.86	0	52.27
金融财富占比（%）	88	80.7	11.4	2080

第四章

家庭结构和家庭储蓄

2008 年全球金融危机爆发后，欧洲国家的债务危机使西方发达国家高债务低储蓄模式对经济的严重危害充分暴露出来，以美国为代表的欧美发达国家开始寻求转变经济模式，致力于提高居民储蓄率减少负债水平。与此相反，我国自改革开放以来居民储蓄率长期保持高位并且不断增长，这一经验事实不仅有别于欧美发达国家，与很多发展中国家也不尽相同。中国的高储蓄率一直是近些年消费储蓄理论经验研究的焦点问题。

居民家庭的消费储蓄决策问题是家庭金融研究的基础，也是经济研究中的重点。中国较高的居民储蓄率保证了中国经济高水平的国民储蓄率，支撑了中国较高的投资率，为近些年来中国高速的经济增长保驾护航。因此，对居民储蓄率影响因素的分析不仅在微观层面有重要意义，在宏观经济层面的意义也不容小觑，只有明确微观层面家庭居民储蓄率的影响因素，才能制定切实有效的经济政策引导国民经济的健康发展。然而，家庭金融最初起源于西方发达国家，与东方文化不同，西方文化的核心价值观是个人主义，强调自由与独立，几代共居的现象并不多见，家庭结构大多较为简单，与我国的家庭结构存在差异，研究时往往忽略了家庭结构的复杂性。因此一直以来，在家庭金融的相关研究中，家庭结构一直没有得到足够的重视。在中国这样的集体主义价值观国家，以往探讨家庭储蓄问题的研究仍不够充分，出现了诸如中国的“年龄—储蓄率之谜”。另外，根据 Rosenzweig 和 Wolpin（1993）等的研究，在美国，青年人与父母共居的现象也在逐渐增多，家庭结构日益复杂。因此，关于家庭结构对家庭储蓄影响的研究是具有现实意义的。

本章运用中国国家统计局 2009 年的“中国城镇居民经济状况与心态调查”的数据，重点探索中国家庭结构与家庭储蓄的关系。本章余下内容安排如下：第一节是研究家庭结构对家庭储蓄影响的相关文献回顾和理论假设；第二节介绍了本章样本数据、变量的设定和描述性统计分析；第三节是实证研究分析；第四节是本章小结。

第一节　文献回顾和理论假设

一、文献回顾

在研究中国居民家庭近些年来异乎寻常的高储蓄率问题时，Wei 和 Zhang（2011a）发现，由于近年来中国男女比率差距日益加大，女性数量严重少于男性数量，导致拥有男性子孙的家庭为了使孩子在婚姻市场更有竞争优势而延迟消费增加储蓄，存款率居高不下。同样对这个问题的研究，Banerjee、Meng 和 Qian（2010）运用生命周期理论的研究方法发现，中国高储蓄率的原因在于计划生育政策的实施，他们认为，在中国孩子对父母的供养对父母老年生活有非常重要的影响，尤其是男孩会负起主要的供养责任，所以独生子女家庭的储蓄率会大幅上升为年老生活做准备，其中只有女孩的家庭会增加更多的储蓄。这两个研究立足于同一问题，但结论却刚好相悖，若是按照 Wei 和 Zhang（2011a）的意见，拥有男性子孙多的家庭会增加储蓄，而若是参考 Banerjee、Meng 和 Qian（2010）的意见，男性子孙多的家庭没有了后顾之忧，反而应该更多地消费而不是储蓄。可见，男性子孙对家庭储蓄会产生不同的影响，究竟这两方面的影响孰轻孰重，还有待进一步研究。Wei 和 Zhang（2011a）研究中的储蓄率指净收入与消费支出的比值，Banerjee、Meng 和 Qian（2010）研究中的储蓄率指家庭总收入减去家庭总支出的值与家庭总收入的比。

同样是中国的储蓄率问题，与生命周期理论不同，Chamon 和 Prasad（2010）、Rosenzweig 和 Zhang（2014）等学者发现，在 2000 年之后，我国的家庭储蓄与户主年龄呈现“U”形关系，而不是“倒 U”形。此现象被称为中国的“年龄—储蓄率之谜”。为了研究这一问题，Rosenzweig 和 Zhang（2014）从理论与实证两个方面研究了中国代际共居与储蓄的关系，他们认为，在目前的中国，高昂的房价与住房服务促使很多人选择了代际共居，而与父母同住的年轻人会有相对更高的储蓄率，解释了“U”形关系左边曲线青年储蓄率高于中年储蓄率的原因。李蕾、吴斌珍（2014）也同样关注到这一问题，他们认为，由于家庭金融中数据收集是以家庭为单位，研究关注的只是户主的年龄，而没有考虑到共居等家庭结构的信息，使研究结果与生命周期模型不符。他们在研究过程中，把家庭整体与个人分开研究，发现若以个体为研究对象，中国并不存在“年龄—储蓄率之谜”，共居与否确实是产生这一现象的一大主要原因。对这一问题，郭琳（2013）的研究通过另一种方式也给出了印证。她在研究家庭年龄结构与金融资产关系时，把家庭成员的平均年龄作为家庭年龄的代理变量，同样发现家庭年龄与储蓄呈“倒 U”形，而不是“U”形。李蕾、吴斌珍（2014）和郭琳（2013）虽然研究方法看似不同，但实质上都是对家庭信息的人均化处理，前者是把家庭收入人均化从而求得了家庭每个成员的平均储蓄率，而后者是把家庭成员年龄平均化。虽然他们的研究方法依然不能完全反映真实情况，但有一点是非常明确的，即在家庭金融的研究中，家庭整体与个体之间的差异是不能被忽略的，家庭中某个个体的特征不能代表家庭整体，家庭结构对家庭储蓄的影响不可忽视。

二、理论假设

第三章中，我们针对不同层面家庭结构间的金融行为差异做出了 6 组假设，在本章，我们会对这 6 组假设中家庭储蓄的部分进行分析验证，现将关于家庭储蓄部分的假设列出。

假设 1a：三代同堂家庭、与子女同住家庭和与父母同住家庭比独代居住家庭广义储蓄的可能性和人均储蓄率都更低，银行存款的可能性和人均存款率也更低。

假设 2a：与子女同住家庭和与父母同住家庭比三代同堂家庭广义储蓄的可能性和人均储蓄率更高，银行存款的可能性和人均存款率也更高。

假设 3a：与父母同住家庭比与子女同住家庭广义储蓄的可能性和人均储蓄率更高，银行存款的可能性和人均存款率也更高。

假设 4a：子女未婚家庭比子女已婚家庭广义储蓄的可能性和人均储蓄率更高，银行存款的可能性和人均存款率更低。

假设 5a：男性子孙家庭比女性子孙家庭广义储蓄的可能性和人均储蓄率更高，银行存款的可能性和人均存款率更低。

假设 6a：未婚男性子孙家庭比未婚女性子孙家庭广义储蓄的可能性和人均储蓄率更高，银行存款的可能性和人均存款率更低。

第二节　变量设定和描述性统计分析

本章数据来自于中国国家统计局2009年的“中国城镇居民经济状况与心态调查”，变量的构造来自调查问卷的相关问题。在包含5056个家庭的14109个居民的数据中，剔除明显异常的数据后（重复样本、本章使用的关键数据缺失、问题选择结果不在备选答案之中、负债为负、资产为负、收入为负、年龄为负），剩下北京、河北、山西、辽宁、江苏、江西、山东、河南、海南、四川、甘肃、广东12个省和直辖市，共计4198个样本家庭。

本章目的在于考察家庭结构对家庭储蓄的影响。以下分别就家庭结构、家庭储蓄和其他分析变量的构造进行说明。

一、家庭结构的设定

本书对家庭结构的设定主要从代际共居的角度进行分类，考虑到数据的局限性及分析的有效性，本书中分析的家庭结构包括：独代居住家庭、与父母同住家庭、与子女同住家庭以及三代同堂家庭。其中，独代居住家庭指户主夫妻同住或只有户主居住的家庭；与父母同住家庭指户主夫妻二人或者户主一人与父母共同居住的家庭，其中父母指户主父母或配偶父母；与子女同住家庭指户主夫妻或户主与子女共同居住的家庭；三代同堂家庭指户主夫妻或户主与父母、子女共同居住的家庭，其中父母指户主父母或配偶父母。表4-1中列出了本章样本数据中各种类型家庭的数量及比例。由表4-1可知，与子女同住的家庭在总样本中数量最多，共2457户家庭，独代居住家庭次之，共1497户，这两种类型家庭的和约占所有样本家庭的94%，其余两类结构的家庭数量锐减，三代同堂的家庭只有164户，与父辈同住的家庭最少，共80户，分别占家庭总数的3.91%和1.91%。

表4-1　家庭结构的描述性统计

家庭类型	独代居住	与父辈同住	与子女同住	三代同堂	合计
数量（户）	1497	80	2457	164	4198
占比（%）	35.65	1.91	58.53	3.91	100

另外，鉴于与子女同住家庭是所有家庭中占比最高的家庭结构，也是以往研究中出现最多的家庭结构，本书对这一结构的家庭进行了更加深入的研究。根据 Wei 和 Zhang（2009）及 Banerjee，Meng 和 Qian（2010）的研究，子女的性别及婚姻状况对于家庭储蓄存在重要影响，但影响方式在两篇研究中并没有得到统一结论，故本章对与子女共同居住的家庭进一步分类来探讨子女的性别和婚姻状况对家庭储蓄的影响。为了说明及区分婚姻状态与性别这两种因素的影响，本书对与子女同住的家庭进行了三种分类，每一种分类的描述性统计如表 4-2 所示。在本章与子女同住家庭的样本数据中，独生子女家庭共有 2274 户，占与子女同住家庭的 92.55%，占总样本数据的 54.1%，独生子女家庭是我们的主要研究对象。本书数据来自于城镇居民家庭，是计划生育政策执行较为彻底的地区，所以这样的数据结构正反映了独生子女政策对我国人口结构造成的影响，符合我国国情。基于这样的数据结构及研究的严谨性，本书对与子女同住家庭的研究的样本全部取自独生子女家庭，这样的选取方式一方面可以对子女数量进行控制，从而避免因子女数量不同而产生回归结果的差异，使研究结果更加准确，另一方面在我们的样本数据中，只有独生子女家庭的数据量可以支持我们得到稳定的回归结果，保证了分析结论的有效性。具体来说，在对与子女同住家庭的三种分类中，第一种分类着眼于研究婚姻状态对家庭储蓄行为的影响，故只保留了独生子女中子女已婚的家庭及子女未婚的家庭。在剔除子女婚姻状态不明的样本数据后，可供研究的独生子女家庭样本共有 1108 户，其中已婚的独生子女家庭共 262 户，未婚家庭 846 户，未婚独生子女家庭是已婚家庭的 3 倍左右。第二种分类的设置着力于分析子女性别对家庭储蓄的影响，同样只保留独生子女家庭，以性别区分，分为独生子家庭与独生女家庭。在可以研究的 1108 户独生子女家庭中，有 430 户独生女家庭和 678 户独生子家庭，独生子家庭是独生女家庭的 1.6 倍左右，可见，男女性别比差异确实较大。第三种分类同时考虑了子女性别及婚姻状态对家庭资产配置的影响，保留了子女未婚的独生子女家庭，并以性别分为两组，分析检验是否存在诸如家庭为了使男性子孙在婚姻市场上更有竞争力而使家庭储蓄更多的情况。由表 4-2 可知，在 846 户子女未婚的独生子女家庭中，未婚独生女家庭共有 367 户，未婚独生子家庭共有 479 户，可见在未婚子女中，男女性别比差异依然较大。

表 4-2　与子女同住家庭的家庭结构分类的描述性统计

家庭结构	针对子女婚姻状态分类		针对子女性别分类		针对未婚子女性别分类	
	已婚独生子女家庭	未婚独生子女家庭	独生女家庭	独生子家庭	未婚独生女家庭	未婚独生子家庭
数量（户）	262	846	430	678	367	479
占比（%0	23.65	76.35	38.81	61.19	43.38	56.62
合计（户）	1108		1108		846	

综上，本章反映家庭结构的变量共有 7 个，具体包括：独代居住家庭（独代居住 1，其他 0）、与父母同住家庭（只与父母共同居住 1，其他 0）、与子女同住家庭（只与子女共同居住 1，其他 0）、三代同堂（与父母子女共同居住 1，其他 0）、未婚独生子女家庭（未婚独生子女家庭 1，已婚独生子女家庭 0）、独生子家庭（独生子家庭 1，独生女家庭 0），以及未婚独生子家庭（未婚独生子家庭 1，未婚独生女家庭 0）。

二、家庭储蓄和其他分析变量设定

本书对于家庭储蓄的研究包括广义家庭储蓄和狭义家庭储蓄两个维度。广义家庭储蓄按照西方经济学的定义指家庭货币收入中没有消费的部分，本书中广义家庭储蓄率沿用 Banerjee、Meng 和 Qian（2010）对储蓄率的设定，指家庭总收入减去家庭总支出的值与家庭总收入的比，将变量人均储蓄率（家庭储蓄率与家庭人口数量的比）作为被解释变量研究家庭结构对家庭储蓄率的影响。狭义家庭储蓄指银行储蓄，包括活期存款和定期存款等所有银行存款，狭义家庭储蓄率指家庭银行存款与家庭总财富的比值，家庭总财富指家庭现金、银行存款、股票、基金、外汇、债券、期货、住房公积金、保险金、收藏品的估计市场价值、其他金融理财产品、借出款、向企业或其他经营活动的投资、家庭经营活动占有的自有资金、房产的总和。将变量人均存款率（家庭存款率与家庭人口数量比值）作为被解释变量研究家庭结构对家庭银行存款的影响。除了储蓄率和银行存款率两个变量，对家庭储蓄的测度还包括是否储蓄（1 表示家庭有广义家庭储蓄，0 表示没有）、是否存款（1 表示家庭在银行有存款，0 表示没有）。

其他控制变量包括年龄、年龄的平方、性别（1 表示男性，0 表示女性）、受教育程度（分为初中及以下、高中或中专、大学专科或本科、研究生）、风险态度、2008 年收入、2008 年收入的平方、金融财富、信任、社会互动、房产数量、各地区 2009 年人均收入。其中，金融财富指现金、银行存款、股票、基金、外汇、债券、期货和其他理财产品的总和。各地区 2009 年人均收入数据来自中华人民共和国国家统计局发布的数据。上述变量的设定主要参考了吴卫星、沈涛（2015），吴卫星、荣苹果和徐芊（2011），李雅君、李志冰、董俊华和吴卫星（2015）。

三、主要变量的描述性统计

主要变量的描述性统计如表 4-3 所示。在本章样本家庭中，有 94%的家庭都有银行存款，平均个人银行存款率为 6%，可见银行存款对于我国城镇居民家庭来说是非常重要的金融工具，几乎所有的家庭都有银行存款。相比银行存款，样本家庭的储蓄情况并没有那么乐观，在 4198 个家庭中，有 78%的家庭在 2008 年有储蓄，虽然比率已经属于高位，但相比 94%的银行存款持有率依然有一定差距。但我国城镇居民家庭的储蓄率是非常高的，平均每个居民的储蓄率为 9%，充分反映了中国人勤俭持家、未雨绸缪的观念意识。就家庭结构的分布来说，在所有样本家庭中，36%的家庭独代居住，59%的家庭与子女同住，4%的家庭三代同堂，只有 2%的家庭与父母同住，充分反映了我国近年来家庭结构的衍变过程，相比以往的大家族，现在最多的家庭是由父母和孩子组合的核心家庭。同时，在与子女同住的独生子女家庭中，76%的家庭的子女未婚，61%的家庭的孩子为男性，未婚独生子家庭的比例为 57%。总财富指家庭现金、银行存款、股票、基金、外汇、债券、期货、住房公积金、保险金、收藏品的估计市场价值、其他金融理财产品、借出款、向企业或其他经营活动的投资、家庭经营活动占有的自有资金、房产的总和，均值为 49. 9 万元。金融财富指现金、银行存款、股票、基金、外汇、债券、期货和其他理财产品的总和，均值为 7 万元。在 4198 个样本家庭中，平均每户家庭拥有 1. 09 套住房，住房最多的家庭拥有 4 套住房。

表 4-3 主要变量的描述性统计

变量	定义	均值	标准差	最小值	最大值
被解释变量的描述性统计分析					
是否储蓄	家庭有广义家庭储蓄为 1，否 0	0.78	0.42	0	1
储蓄率	家庭总收入减去家庭总支出的值与家庭总收入的比	0.09	0.09	0	0.82
是否存款	家庭在银行存款为 1，否 0	0.94	0.23	0	1.00
存款率	家庭银行存款与家庭总财富的比值	0.06	0.08	0	0.99
家庭结构变量的描述性统计分析					
独代居住	独代居住 1，其他 0	0.36	0.48	0	1.00
与父母同住	只与父母同住 1，其他 0	0.02	0.14	0	1.00
与子女同住	只与子女同住 1，其他 0	0.59	0.49	0	1.00
三代同堂	与父母子女共同居住 1，其他 0	0.04	0.19	0	1.00
未婚独生子女家庭	未婚独生子女家庭 1，已婚独生子女家庭 0	0.76	0.43	0	1.00
独生子家庭	独生子家庭 1，独生女家庭 0	0.61	0.49	0	1.00
未婚独生子家庭	未婚独生子家庭 1，未婚独生女家庭 0	0.57	0.50	0	1.00
控制变量的描述性统计分析					
年龄	年龄（岁）	5.03	1.28	2	9.40
2008 年家庭年收入	2008 年家庭年收入，单位为万元	2.88	1.96	0	44.98
风险态度	很喜欢冒险 0，喜欢冒险 1，一般 2，不喜欢冒险 3，很不喜欢冒险 4	2.75	0.73	0	4
受教育程度	初中及以下 0，高中或中专 1，大学专科或本科 2，研究生 3	1.03	0.85	0	3
性别	男性户主 1，女性户主 0	0.66	0.47	0	1
房产数量	有几套住房	1.09	0.45	0	4
金融财富	单位为百万元	0.07	0.13	0	4.10
信任	问卷中 10 方面信任的均值	2.89	0.44	1.10	5
社会互动	认识邻居的数量，所有人 1，绝大部分 2，少数部分 3，一个也不认识 4	2.75	0.64	1	4
各地区 2009 年人均收入	单位为万元	1.66	0.37	1.19	2.67

第三节　实证研究

一、研究模型

本章研究家庭结构对家庭储蓄的影响，其中家庭储蓄包括广义家庭储蓄和狭义家庭储蓄两个范畴，对家庭储蓄的测度包括是否储蓄和人均储蓄率。鉴于研究内容，本章实证研究模型共有两个，分别为模型 4.1 和模型 4.2。模型 4.1 研究家庭结构对是否储蓄的影响，模型 4.2 研究家庭结构对人均储蓄率的影响。对于是否储蓄的影响，鉴于被解释变量是 0 或 1 的二值选择变量，故模型 4.1 采用二值选择模型，运用 Logit 模型进行回归。对人均储蓄率的影响研究，由于被解释变量均为小于 1 大于等于 0 的数，且变量是由一个离散点与一个连续分布所组成的混合分布，符合截取回归的特点，故模型 4.2 采用 tobit 模型进行回归。回归模型 4.1 和模型 4.2 的形式如式（4.1）和式（4.2）所示。

$$\text{Dependent Variable} = cons + \alpha_1 X + \beta_1 Z + \varepsilon \quad (4.1)$$

$$\text{Dependent Variable} = cons + \alpha_2 X + \beta_2 Z + \varepsilon \quad (4.2)$$

式（4.1）中被解释变量 Dependent Variable 分别为是否储蓄和是否存款，式（4.2）中被解释变量 Dependent Variable 分别为人均储蓄率和人均存款率，共两组四个方程。cons 代表截距项，X 为家庭结构变量，ε 代表随机项，Z 为控制变量，包括年龄、年龄的平方、性别、受教育程度、风险态度、2008 年收入、2008 年收入的平方、金融财富、信任、社会互动、房产数量、各地区 2009 年人均收入。

二、回归分析

（一）独代居住家庭是否比多代同住家庭拥有更多储蓄和银行存款

本书研究的家庭类型包括独代居住家庭、与父母同住家庭、与子女同住家庭以及三代同堂家庭。在这四类家庭中，后三类家庭均为多代同住家庭，明显区别于独代居住家庭。本部分的分析着力于研究代际共居家庭与独代居住家庭的储蓄情况，对应假设 1a，探索代际共居家庭的储蓄情况是否显著有异于独代居住家庭。因此，在本部分的回归模型中，独代居住的家庭作为基础组，后三种家庭类型的虚拟变量加入解释变量 X 中进行回归。独居与共居家庭结构对家庭储蓄影响的回归结果如表 4-4 所示。

表 4-4　独居与共居家庭结构对家庭储蓄影响的回归结果

变量	是否存款	人均存款率	是否储蓄	人均储蓄率
与父母同住	0.224 (0.546)	-0.0310*** (0.00845)	-0.0871 (0.285)	-0.0633*** (0.0121)
与子女同住	-0.0101 (0.158)	-0.0360*** (0.00313)	0.157* (0.0890)	-0.0559*** (0.00464)
三代同堂	0.0453 (0.373)	-0.0441*** (0.00466)	0.0995 (0.220)	-0.0695*** (0.00784)
风险态度	0.0629 (0.0951)	-0.00127 (0.00168)	0.00574 (0.0557)	0.00283 (0.00254)
受教育程度	0.0808 (0.0940)	-0.000124 (0.00171)	-0.149*** (0.0525)	-0.00676*** (0.00231)
性别	-0.0224 (0.145)	-0.00359 (0.00268)	0.143* (0.0787)	6.95e-06 (0.00384)
2008 年家庭年收入	-0.132 (0.0919)	-5.21e-05 (0.000987)	0.378*** (0.0472)	0.0198*** (0.00178)
2008 年家庭年收入^2	-0.00125 (0.00600)	-0.000154** (6.75e-05)	-0.00837*** (0.00201)	-0.000449*** (0.000107)
年龄	0.306 (0.402)	-0.0124 (0.00891)	0.0850 (0.216)	-0.0252** (0.0123)
年龄^2	-0.0209 (0.0394)	0.00110 (0.000807)	0.000547 (0.0205)	0.00292** (0.00116)
家庭财富	34.79*** (8.513)	0.167*** (0.0296)	-0.158 (0.532)	0.0200 (0.0192)

续表

变量	是否存款	人均存款率	是否储蓄	人均储蓄率
信任	-0.320**	-0.00647**	-0.0314	-0.00566
	(0.147)	(0.00294)	(0.0876)	(0.00395)
社会互动	-0.0482	0.00551***	0.174***	0.00529*
	(0.109)	(0.00190)	(0.0595)	(0.00279)
2009 年地区人均收入	-0.268	-0.0125***	-0.0177	-0.000647
	(0.216)	(0.00358)	(0.119)	(0.00511)
房产数量	-0.333**	-0.0676***	-0.134	-0.00615
	(0.140)	(0.00463)	(0.0922)	(0.00374)
Number of obs	4198	4198	4198	4198
Pseudo R^2	0.119	-0.132	0.0361	-0.167

注：***、**、*分别表示在 1%、5% 和 10% 的水平上显著；被解释变量为是否储蓄和是否存款的运用 Logit 回归，被解释变量为人均储蓄率和人均存款率的运用 tobit 回归；为了结果的稳健性，四组回归都采用稳健标准差的回归结果。括号中的值为对应标准误。

表 4-4 给出了两组四个回归的回归结果，分别对应是否存款、人均存款率、是否储蓄、人均储蓄率作为被解释变量。其中，是否储蓄与是否存款运用 Logit 回归，人均储蓄率与人均存款率运用 tobit 回归，另外，鉴于结果的稳健性，四组都采用稳健标准差的回归结果。由表 4-4 可知，独代居住家庭是否存款的决定与任何代际共居的家庭并无不同，但对于有银行存款的家庭来说，代际共居家庭的银行存款率都在 1%的水平上显著不同于独代居住家庭，且多代同住的家庭银行存款占总财富的比例更少。不仅是人均存款率，人均储蓄率在不同家庭结构之间也存在同样的关系，代际共居家庭的人均储蓄率都在 1%的水平上显著低于独代居住家庭。是否储蓄的决策受到家庭结构的影响也不太明显，只有与子女同住家庭的储蓄倾向会显著高于独代居住家庭，显著程度为 10%。由此可知，相较于独代居住家庭，代际共居家庭的人均储蓄率和人均银行存款率都更低。对由于收入较低而选择多代同住的家庭来说，选择共住可以减轻日益增高的房价与房产维护费对家庭成员的压力，尤其是在社会保障还不够完备、金融市场还不够发达的今天，这与 Rosenzweig 和 Zhang（2014）及李蕾、吴斌珍（2014）的发现一致。对于那些因为子女年幼或者父母年老而必须共居的

家庭，家庭的人均人力资本普遍低于独代居住家庭，家庭负担较大，需要消费的资金量较大，因此无论是储蓄率还是银行存款比率都显著低于独代居住家庭，与假设 1a 一致。

（二）多代同住的三种家庭类型是否拥有相似的家庭储蓄情况

在研究了独代居住家庭与代际共居家庭储蓄情况的不同之后，我们把目光转向了三种多代同住的家庭类型，对应假设 2a，验证在代际共居的三种家庭中，是否存在假设 2 推测的三代同堂家庭相比其他两组家庭的家庭储蓄更少的情况。以三代同堂家庭为基准组，将与父母同住家庭和与子女同住家庭的变量加入解释变量 X 中，回归模型与上一部分一致，回归结果如表 4-5 所示。由四组回归结果可知，家庭结构对家庭是否储蓄和是否存款的决策都没有显著影响，仅会显著影响人均存款率和人均储蓄率。与三代同堂家庭相比，与父母同住家庭和与子女同住家庭的人均存款率显著更高，其中与父母同住家庭在 10%的水平上显著，与子女同住家庭在 1%的水平上显著。与银行存款的情况一致，与子女同住家庭的人均储蓄率在 5%的水平上显著高于三代同堂家庭，与父母同住家庭的人均储蓄率虽然没有显著高于三代同堂家庭，但在我们的样本中同样高于三代同堂家庭。这一回归结果与假设 2 一致，三代同堂家庭比与子女同住家庭和与父母同住家庭的储蓄更少，无论是银行存款率还是储蓄率都显著低于这两种家庭。三代同堂家庭由于上有老下有小，既有另两种家庭的责任和负担，同时又有另外两种家庭所没有的更多的负担和责任；既有子女的教育婚姻问题，又有父母的健康和老年生活问题，无论是经济压力还是精神压力都会更大。由于消费项目较多，能够储蓄的资金量就相对较少，与假设 2a 一致。

表 4-5 共居家庭结构对家庭储蓄影响的回归结果

被解释变量	是否存款	人均存款率	是否储蓄	人均储蓄率
与父母同住	0. 117	0. 0147 *	−0. 160	0. 00872
	(0. 641)	(0. 00825)	(0. 337)	(0. 0112)
与子女同住	−0. 0838	0. 00843 ***	0. 125	0. 0137 **
	(0. 357)	(0. 00296)	(0. 209)	(0. 00553)
风险态度	0. 165	0. 000119	0. 0271	0. 00277
	(0. 115)	(0. 00149)	(0. 0702)	(0. 00220)

续表

被解释变量	是否存款	人均存款率	是否储蓄	人均储蓄率
受教育程度	0. 137 (0. 111)	0. 00109 (0. 00126)	−0. 158 ** (0. 0668)	−0. 00552 *** (0. 00201)
性别	0. 0943 (0. 174)	−0. 00364 * (0. 00207)	0. 0885 (0. 0999)	−0. 00320 (0. 00329)
2008 年家庭年收入	−0. 221 * (0. 115)	0. 000320 (0. 000767)	0. 389 *** (0. 0604)	0. 0161 *** (0. 00155)
2008 年家庭年收入^2	0. 00460 (0. 00740)	−0. 000160 *** (5. 78e−05)	−0. 00870 *** (0. 00208)	−0. 000356 *** (9. 09e−05)
年龄	0. 138 (0. 613)	0. 00927 (0. 00646)	−0. 322 (0. 338)	−0. 000511 (0. 00987)
年龄^2	−0. 00259 (0. 0622)	−0. 000884 (0. 000610)	0. 0319 (0. 0336)	9. 73e−05 (0. 000962)
家庭财富	35. 41 *** (9. 188)	0. 142 *** (0. 0288)	0. 0403 (0. 744)	0. 0161 (0. 0139)
信任	−0. 511 *** (0. 188)	−0. 00681 *** (0. 00261)	0. 0793 (0. 115)	−0. 00498 (0. 00357)
社会互动	0. 00345 (0. 133)	0. 00375 ** (0. 00159)	0. 125 * (0. 0759)	0. 00409 * (0. 00241)
2009 年地区人均收入	−0. 147 (0. 264)	−0. 00914 *** (0. 00322)	−0. 113 (0. 153)	−0. 00139 (0. 00457)
房产数量	−0. 298 * (0. 167)	−0. 0477 *** (0. 00340)	−0. 208 * (0. 107)	−0. 00493 (0. 00323)
Number of obs	2701	2701	2701	2701
Pseudo R^2	0. 1268	−0. 1044	0. 0338	−0. 0667

注：***、**、* 分别表示在 1%、5% 和 10% 的水平上显著；被解释变量为是否储蓄和是否存款的运用 Logit 回归，被解释变量为人均储蓄率和人均存款率的运用 tobit 回归；为了结果的稳健性，四组回归都采用稳健标准差的回归结果。括号中的值为对应标准误。

（三）与父母同住家庭和与子女同住家庭的储蓄情况是否一致

在研究了三种代际共居家庭的储蓄情况之后，我们开始验证同样是两代共居的与父母同住家庭和与子女同住家庭储蓄情况的异同，对应假设3a。研究思路和模型与前文相同，依然是两组四个回归，回归方程分别对应式（4.1）和式（4.2）。这部分分析只保留与父母同住和与子女同住两类家庭，以数量比例更大的与子女同住家庭为基准组，把代表与父母同住家庭的变量加入解释变量 X 中，分别进行 Logit 回归和 tobit 回归，回归结果如表 4-6 所示。

表 4-6　两代共居家庭结构对家庭储蓄影响的回归结果

被解释变量	是否存款	人均存款率	是否储蓄	人均储蓄率
与父母同住	0.213 (0.551)	0.00645 (0.00783)	-0.275 (0.278)	-0.00458 (0.0102)
风险态度	0.105 (0.119)	-8.36e-05 (0.00155)	0.0259 (0.0724)	0.00197 (0.00230)
受教育程度	0.173 (0.119)	0.00130 (0.00134)	-0.139** (0.0695)	-0.00508** (0.00211)
性别	0.201 (0.178)	-0.00308 (0.00217)	0.0941 (0.103)	-0.00372 (0.00344)
2008 年家庭年收入	-0.231* (0.120)	0.000225 (0.000797)	0.395*** (0.0631)	0.0163*** (0.00159)
2008 年家庭年收入^2	0.00422 (0.00777)	-0.000158*** (5.87e-05)	-0.00885*** (0.00208)	-0.000355*** (8.90e-05)
年龄	0.121 (0.648)	0.0113* (0.00676)	-0.126 (0.338)	0.00323 (0.0103)
年龄^2	0.000153 (0.0655)	-0.00110* (0.000632)	0.0144 (0.0334)	-0.000226 (0.00100)
家庭财富	38.25*** (10.71)	0.142*** (0.0292)	0.0555 (0.781)	0.0147 (0.0141)

续表

被解释变量	是否存款	人均存款率	是否储蓄	人均储蓄率
信任	-0.524***	-0.00680**	0.0847	-0.00431
	(0.196)	(0.00274)	(0.117)	(0.00370)
社会互动	-0.0831	0.00417**	0.154*	0.00432*
	(0.138)	(0.00167)	(0.0791)	(0.00253)
2009年地区人均收入	-0.138	-0.00930***	-0.135	-0.00183
	(0.268)	(0.00335)	(0.156)	(0.00474)
房产数量	-0.224	-0.0489***	-0.187	-0.00449
	(0.169)	(0.00365)	(0.114)	(0.00346)
Number of obs	2537	2537	2537	2537
Pseudo R^2	0.1368	-0.103	0.0351	-0.0671

注：***、**、*分别表示在1%、5%和10%的水平上显著；被解释变量为是否储蓄和是否存款的运用Logit回归，被解释变量为人均储蓄率和人均存款率的运用tobit回归；为了结果的稳健性，四组回归都采用稳健标准差的回归结果。括号中的值为对应标准误。

由表4-6可知，与父母同住家庭和与子女同住家庭这两类两代共居家庭间储蓄情况并没有显著差异，不支持假设3a的推测。与子女同住家庭的储蓄率并没有显著低于与父母同住家庭，由此可知，与父母同住家庭虽然有父母的收入和储蓄，但相比父母的花费而言并没有使家庭的经济负担有明显减轻。值得一提的是，在本章样本家庭中，与父母同住家庭的银行储蓄率确实是高于与子女同住家庭的，但广义储蓄率却低于与子女同住家庭，即在我们的数据中，与父母同住家庭相比与子女同住家庭消费更多、银行存款更多。这样的行为特征说明，在我们的样本中老人相比小孩所需资金量更大，另外，样本数据支持假设3a中与父母同住家庭更追求稳定会有更多存款的推测。

（四）与子女同住家庭的储蓄行为回归分析

1. 子女婚姻状态会影响家庭储蓄吗

子女婚姻历来都是中国家庭的重中之重，为女儿准备嫁妆、为儿子准备聘礼和婚房是中国的传统习俗。近年来，随着房屋改革政策的推行，中国房价大幅上升，高昂的房价成了让很多家庭头疼的大事。高房价的压力不仅存在于有适婚年龄子女的家庭，更是蔓延到了所有已经生育子女的家庭，尤其是那些有儿子的家庭，为了完成给孩子准备婚房的任务，大量家庭从孩子很小的时候就开始为孩子将来的婚事做准备。本部分是针对与子女同住家庭的第一层分类，把关注点放在子女婚姻状态对家庭储蓄的不同影响上，对应假设 4a。为了使分析结果更准确可信，受数据的限制，本文只保留了独生子女家庭的样本进行分析，避免子女数量不同对研究结果的影响。本节进行两组四个回归，被解释变量及模型设定与前文相同，分别是是否储蓄（储蓄 1，不储蓄 0）、人均储蓄率、是否存款（有银行存款 1，没有 0）、人均存款率。解释变量中反映家庭结构的变量为未婚独生子女家庭（未婚独生子女家庭 1，已婚独生子女家庭 0）。其中是否储蓄与是否存款使用 Logit 回归，人均储蓄率和人均存款率使用 tobit 回归，为了回归结果的稳健性，四组回归都采用稳健标准差的回归结果，回归结果如表 4-7 所示。

表 4-7　与子女同住家庭结构分类一的回归结果

被解释变量	是否存款	人均存款率	是否储蓄	人均储蓄率
未婚独生子女家庭	-0.940**	0.00781**	-0.196	0.0280***
	(-0.456)	(0.00381)	(0.258)	-0.007
风险态度	0.0302	0.000731	0.0565	0.003
	(-0.205)	(0.00239)	(0.120)	-0.004
受教育程度	0.088	0.00156	-0.259**	-0.00777**
	(-0.187)	(0.00201)	(0.110)	-0.003
性别	0.292	-0.00676**	0.195	-0.008
	(-0.281)	(0.00330)	(0.159)	-0.005
2008 年家庭年收入	-0.172	6.11e-05	0.540***	0.0239***
	(-0.206)	(0.00231)	(0.115)	-0.003
2008 年家庭年收入^2	0.00173	-7.27e-05	-0.0280***	-0.00112***
	(-0.013)	(0.000149)	(0.00616)	0.000
年龄	2.742**	0.0337**	0.993	0.0562**
	(-1.245)	(0.0148)	(0.809)	-0.026

续表

被解释变量	是否存款	人均存款率	是否储蓄	人均储蓄率
年龄^2	−0.249**	−0.00274**	−0.0860	−0.00421*
	(−0.105)	(0.00123)	(0.0687)	−0.002
家庭财富	50.20***	0.102***	0.984	0.017
	−18.85	(0.0379)	(1.301)	−0.014
信任	(−0.11)	0.00161	0.149	−0.001
	(−0.273)	(0.00405)	(0.179)	−0.006
社会互动	−0.18	0.00604**	0.229*	0.005
	(−0.213)	(0.00258)	(0.121)	−0.004
2009年地区人均收入	−0.303	−0.00697	−0.128	−0.007
	(−0.481)	(0.00515)	(0.231)	−0.007
房产数量	−0.520**	−0.0507***	−0.328*	−0.008
	(−0.232)	(0.00508)	(0.170)	−0.005
Number of obs	1108	1108	1108	1108
Pseudo R^2	0.1829	−0.1034	0.0509	−0.0744

注：***、**、*分别表示在1%、5%和10%的水平上显著；被解释变量为是否储蓄和是否存款的运用Logit回归，被解释变量为人均储蓄率和人均存款率的运用tobit回归；为了结果的稳健性，四组回归都采用稳健标准差的回归结果。括号中的值为对应标准误。

由表4-7可知，子女的婚姻状态对家庭储蓄确实存在显著影响，在四个回归中，只有是否储蓄的回归结果不显著，其他三个回归结果都显著。具体来说，未婚独生子女家庭相比已婚独生子女家庭会有更高的人均存款率，在5%的水平上显著，与假设4a对存款率的推断不符。另外，与已婚独生子女家庭相比，未婚独生子女家庭的广义人均储蓄率也更高，在1%的水平上显著，与假设4a对储蓄率的推断一致。分析证明在我国城镇居民家庭中，子女未婚家庭无论广义储蓄还是银行存款都显著高于子女已婚家庭。但与两个储蓄率的回归结果不同，是否存款的回归显示，未婚独生子女家庭相比已婚独生子女家庭确实更不愿意进行银行存款，且在5%的水平上显著，又与假设4a对存款意愿的推测一致。如此矛盾的结果表明，子女未婚家庭相比子女已婚家庭更不倾向于银行存款，但一旦决定存款，存款率就比子女已婚的家庭更高。面对这样的结论，我们推测，由于子女未婚家庭普遍经济压力大于子女已婚家庭，使财富增加是子女未婚家庭理财的重要目标，所以相比于银行存款，会更希望借助于其他更快的方式进行资本增值，如风险资产投资或者负债等，但若由于财富限制或者能力限制只能选择银行存款的话，更高的存款率则成了子女未婚家庭的选择。这个推测结果需要后文风险资产投资、负债及保险部分的共同验证。

2. 子女性别的不同会造成家庭储蓄行为的不同吗

子女性别对家庭储蓄行为的影响在以往的研究中就多有提及但结论并不一致，Wei 和 Zhang（2009）认为拥有男性子孙的家庭会减少消费，更多地进行储蓄，而 Banerjee，Meng 和 Qian（2010）则认为男性子孙多的家庭会消费更多，储蓄率更低。本书这一部分将对这一问题继续探索，研究独生子家庭与独生女家庭储蓄情况的不同，对应假设 5a。与前文一致，本部分进行两组四个回归，回归方程如式（4.1）和式（4.2）所示，解释变量 X 为独生子家庭，回归结果如表 4-8 所示。由回归结果可知，此部分两组四个回归的回归结果均不显著，即子女性别对家庭储蓄并没有显著影响，与假设 5a 中的推断不符。在本章样本数据中，独生子家庭相比独生女家庭，无论广义储蓄率还是银行储蓄率都低于独生女家庭。

表 4-8　与子女同住的家庭结构分类二的回归结果

被解释变量	是否存款	人均存款率	是否储蓄	人均存款率
独生子家庭	0.294 (−0.279)	−0.00223 (0.00317)	−0.268 (0.164)	−0.00202 (0.00512)
风险态度	0.0286 (−0.205)	0.000794 (0.00241)	0.0483 (0.121)	0.00374 (0.00367)
受教育程度	0.0633 (−0.189)	0.00192 (0.00201)	−0.275** (0.110)	−0.00634* (0.00326)
性别	0.298 (−0.276)	−0.00650** (0.00330)	0.180 (0.158)	−0.00663 (0.00529)
2008 年家庭年收入	−0.132 (−0.198)	−0.000419 (0.00226)	0.558*** (0.112)	0.0220*** (0.00350)
2008 年家庭年收入^2	−6.72E−05 (−0.0118)	−5.35e−05 (0.000146)	−0.0289*** (0.00600)	−0.00103*** (0.000268)

续表

被解释变量	是否存款	人均存款率	是否储蓄	人均存款率
年龄	2.770**	0.0327**	1.004	0.0522**
	(-1.298)	(0.0149)	(0.823)	(0.0259)
年龄^2	-0.233**	-0.00282**	-0.0815	-0.00450**
	(-0.11)	(0.00125)	(0.0694)	(0.00216)
家庭财富	50.12***	0.104***	0.864	0.0252*
	(-18.97)	(0.0377)	(1.224)	(0.0136)
信任	-0.106	0.00186	0.132	-0.000191
	(-0.267)	(0.00406)	(0.178)	(0.00555)
社会互动	-0.173	0.00589**	0.234*	0.00395
	(-0.217)	(0.00258)	(0.121)	(0.00389)
2009年地区人均收入	-0.385	-0.00619	-0.129	-0.00401
	(-0.479)	(0.00514)	(0.231)	(0.00687)
房产数量	-0.506**	-0.0509***	-0.300*	-0.00925*
	(-0.226)	(0.00510)	(0.168)	(0.00531)
Number of obs	1108	1108	1108	1108
Pseudo R^2	0.1771	-0.1025	0.0529	-0.0647

注：***、**、*分别表示在1%、5%和10%的水平上显著；被解释变量为是否储蓄和是否投资的用Logit回归，被解释变量为人均储蓄率和投资比例的运用tobit回归；为了结果的稳健性，四组回归都采用稳健标准差的回归结果。括号中的值为对应标准误。

3. 未婚独生子家庭的储蓄行为真的严重有异于未婚独生女家庭吗

根据Wei和Zhang（2009）的研究，为了使男性子孙在婚姻市场上更具竞争力，家庭消费会更少储蓄更多。在这一部分的分析中，我们继续这一话题，研究是否有男性未婚子孙的家庭的储蓄情况与拥有女性未婚子孙的家庭显著不同，研究对应假设6a。家庭结构的变量设定为未婚独生子家庭（1为未婚独生子家庭，0为未婚独生女家庭），被解释变量及模型设定与前文一致。表4-9列出的回归结果显示，在两组四个回归中，只有是否储蓄的回归结果是显著的，显著程度为10%，其他三个回归都不显著。依据回归结果，相对于未婚独生女家庭来说，未婚独生子家庭更不可能拥有广义储蓄，不支持假设6a关于子女未婚和男性子女家庭储蓄情况的推断。

相对于已婚女性子女家庭来说，男性未婚子女家庭追求财富增值的动力更强，消费的意愿更弱，因而拥有家庭储蓄的可能性会更高，银行存款的意愿和存款率更低，但本书回归结果基本与假设相反。回归分析表明，未婚独生子家庭消费项目更多，可用于储蓄的资金量较少，因而更不可能拥有储蓄。

表 4-9　与子女同住的家庭结构分类三的回归结果

被解释变量	是否存款	人均存款率	是否储蓄	人均储蓄率
未婚独生子家庭	0.394 (-0.306)	-0.000306 (0.00368)	-0.347* (0.179)	0.00183 (0.00597)
风险态度	0.0818 (-0.21)	0.000618 (0.00287)	-0.101 (0.137)	0.00231 (0.00442)
受教育程度	0.0662 (-0.205)	0.00232 (0.00246)	-0.276** (0.120)	-0.00958** (0.00386)
性别	0.468 (-0.305)	-0.00551 (0.00399)	0.261 (0.175)	-0.00704 (0.00639)
2008 年家庭年收入	-0.125 (-0.23)	0.00301 (0.00279)	0.516*** (0.129)	0.0253*** (0.00413)
2008 年家庭年收入^2	-0.00243 (-0.0147)	-0.000299 (0.000207)	-0.0238*** (0.00735)	-0.00101*** (0.000295)
年龄	-0.583 (-2.614)	0.0710** (0.0280)	-0.350 (1.322)	-0.0323 (0.0473)
年龄^2	0.072 (-0.239)	-0.00621** (0.00256)	0.0419 (0.124)	0.00423 (0.00440)
家庭财富	46.14** (-19.6)	0.0984** (0.0402)	0.349 (1.205)	-0.00180 (0.0166)
信任	-0.127 (-0.254)	0.00278 (0.00483)	0.128 (0.194)	-0.00380 (0.00631)
社会互动	-0.172 (-0.24)	0.00592* (0.00305)	0.150 (0.133)	0.00318 (0.00462)

续表

被解释变量	是否存款	人均存款率	是否储蓄	人均储蓄率
2009 年地区人均收入	−0. 398 (−0. 521)	−0. 00890 (0. 00597)	−0. 118 (0. 251)	−0. 00927 (0. 00805)
房产数量	−0. 36 (−0. 261)	−0. 0571*** (0. 00683)	−0. 283 (0. 209)	−0. 0104 (0. 00725)
Number of obs	846	846	846	846
Pseudo R^2	0. 167	−0. 1025	0. 0473	−0. 0976

注：***、**、* 分别表示在 1%、5% 和 10% 的水平上显著；被解释变量为是否储蓄和是否存款的运用 Logit 回归，被解释变量为人均储蓄率和人均存款率的运用 tobit 回归；为了结果的稳健性，四组回归都采用稳健标准差的回归结果。括号中的值为对应标准误。

第四节　本章小结

本章运用中国国家统计局 2009 年的“中国城镇居民经济状况与心态调查”的微观调查数据，探索了中国家庭结构与家庭储蓄的关系。

研究发现，家庭结构是影响家庭储蓄的重要因素。具体来说，独代居住家庭相比多代同住家庭的银行存款率和广义储蓄率都更高，拥有广义储蓄的可能性也更高，与假设 1a 一致。在多代同住家庭中，相比三代同堂家庭，无论是与子女同住家庭还是与父母同住家庭的银行存款率和广义储蓄率都比三代同堂家庭更高，子女与父母的双重重担使三代同堂的家庭经济压力更大，与假设 2a 一致。就两代共居的与父母同住家庭和与子女同住家庭来说，两者之间的储蓄情况并没有显著不同，回归结果不支持假设 3a。

对于我国现在所占比率较多的家庭结构——与子女同住家庭，子女的婚姻状态确实会对家庭储蓄行为造成影响，子女未婚的家庭有更大的动力去增加财富，回归结果显示，未婚独生子女家庭的人均存款率显著高于已婚独生子女家庭，与假设 4a 中存款部分的推断不同。另外，已婚独生子女家庭的广义储蓄率显著高于未婚独生子女家庭，与假设 4a 储蓄部分的推断一致。在银行存款概率的分析中，与存款率的回归结果不同，未婚独生子女家庭相比已婚独生子女家庭确实更不愿意进行银行存款，且在 5%的水平上显著，与假设 4a 关于存款意愿的推测一致。如此矛盾的结果显示，子女未婚家庭相比子女已婚家庭确实更不倾向于银行存款，家庭储蓄率也确实更高，但一旦决定存款，存款率就比子女已婚的家庭更高。相比婚姻状态，子女性别差异对家庭储蓄的影响并不显著，与假设 5a 不符。在对未婚独生子家庭和未婚独生女家庭的研究中发现，未婚独生子家庭的储蓄状态并没有与未婚独生女家庭显著不同，唯一两者之间有显著差异的是关于是否储蓄的回归，未婚独生子家庭相比未婚独生女家庭拥有广义储蓄的可能性更低，与假设 6a 不符，事实证明，男性子孙家庭需要消费的资金比率多到家庭没有更多资金可以储蓄。

第五章

家庭结构和风险资产投资

Haliassos 和 Bertaut（1995）等学者研究发现，有大量家庭并没有参与风险资产投资，这与 Merton（1971）等经典金融理论认识并不一致，这种现象被称为有限参与之谜。按照 Merton（1971）的模型预测，所有居民家庭都应该投资风险资产获得风险溢价，并且所有投资者持有的风险资产比例也是相同的。但是实证数据显示，即使在金融市场比较发达的欧美国家也只有一部分家庭参与股票投资等风险投资市场，投资者持有的投资组合间也存在很强的异质性，并且有限参与问题不仅在直接投资中存在，间接投资中也存在。

相比欧美发达国家，中国金融市场的有限参与问题更为显著。2002年，美国持有股票的人数占总人口的 30.11%，而同年中国股票投资者有 6884 万，仅占总人口的 5.36%。对城市居民家庭的调查显示，中国家庭中高达 61.9%的家庭把银行存款作为家庭首选投资方式，把股票投资作为首选投资方式的家庭仅占总体的 1.4%。吴卫星、齐天翔（2007）的研究显示，样本家庭中只有 23%的居民拥有上市公司股票，股票资金持有量占家庭总流动资产的 8.4%，占所有金融资产的 3.5%。由西南财经大学主持的中国家庭金融调查与研究中心出具的 2012 年《中国家庭金融调查报告》也表明，在我国家庭的金融资产中，股票资产仅占 15.45%。中国居民家庭风险资产投资的参与水平较低。然而，Mehra 和 Prescott（1985）等很多学者研究发现，股票投资的收益长期来看是同等价值债券投资收益的数倍，股票投资对于居民家庭来说是收益率更高更有效的投资项目，但大多数居民家庭都没有获得这部分溢价，这样的投资选择显然并不是最优的。究竟是什么因素使居民家庭舍弃收益率如此高的投资方式，影响投资者参与风险资产投资的因素究竟有哪些？针对这些问题，本书将从家庭结构的角度研究居民家庭的风险资产投资，力图能更准确地描述影响居民家庭风险资产投资行为的因素。

本章运用中国国家统计局2009年的“中国城镇居民经济状况与心态调查”的微观调查数据，重点研究家庭结构与风险资产投资的关系。余下内容安排如下：第一节是家庭结构对家庭风险资产投资影响研究的相关文献回顾和理论假设；第二节介绍本章样本数据、变量的设定和描述性统计分析；第三节是实证研究分析；第四节是本章小结。

第一节　文献回顾和理论假设

一、文献回顾

根据Love（2010）的研究，家庭的规模和组成会影响背景风险，从而对家庭的投资决策产生影响。Calvet和Sodini（2013）发现，家庭成员数目与风险投资成反比。郭琳（2013）的研究也发现，规模越大的家庭持有风险资产的可能性越低。与他们的研究结果不同的是，朱光伟、杜在超和张林（2014）在研究家庭规模与股市参与的关系时，发现当家庭规模在4以内，家庭规模越大，家庭参与股市的概率越大；当家庭规模超过4，家庭规模越大，家庭参与股市的概率越小。出现这种分歧的原因可能在于对风险资产的分类方法不同，有待更进一步的研究。

除了家庭规模，郭琳（2013）还把家庭按照年龄结构、性别结构、受教育结构、家庭流动、收入结构以及家庭劳动结构分别分类，运用中国家庭追踪调查（CFPS）数据进行了研究。研究发现，家庭平均年龄与持有存款以外金融产品的可能性负相关，老年家庭更倾向于把钱存在银行；平均受教育更多的家庭投资于风险资产的可能性越高；流动人口比率越高的家庭，也更倾向于投资风险资产。郭琳（2013）认为，产生这一现象的原因在于，流动人口分布在发达地区的数量更大，能接收到更多的金融咨询，且这些家庭普遍年轻化，更愿意进行风险投资。与直觉不符的是，其研究发现，劳动人口比率越高的家庭，反而会较少地投资于金融产品，可一般认为，劳动人口比率越高的家庭有更多的人力资本与收入，应该会有更多的资产进行风险投资，对于这一结果，作者并没有做出解释。

在以上的研究中，关于家庭结构的分析，关注点主要停留在家庭规模层面上，且对于家庭规模与风险资产投资的关系也没有一致结论。郭琳

(2013) 的研究虽然对家庭结构做出了多种分类，但依据主要还是停留在对个体信息的平均化处理上，对家庭成员间的关系没有体现，分析也比较粗糙，针对性也不够强，对观察到的某些现象也没有给出可信的解释说明。

二、理论假设

第三章中，我们针对不同层面家庭结构间的金融行为差异做出了 6 组假设，在本章我们会对这 6 组假设中风险资产投资的部分进行分析验证，现将关于家庭风险资产投资部分的假设列出。

假设 1b：三代同堂家庭、与子女同住家庭和与父母同住家庭比独代居住家庭投资风险资产的可能性更低，人均投资比例也更低。

假设 2b：与子女同住家庭和与父母同住家庭比三代同堂家庭投资风险资产的可能性更高，人均投资比例也更高。

假设 3b：与父母同住家庭比与子女同住家庭投资风险资产的可能性更低，人均投资比例也更低。

假设 4b：子女未婚家庭比子女已婚家庭投资风险资产的可能性更高，人均投资比例也更高。

假设 5b：男性子孙家庭比女性子孙家庭投资风险资产的可能性更高，人均投资比例也更高。

假设 6b：未婚男性子孙家庭比未婚女性子孙家庭投资风险资产的可能性更高，人均投资比例也更高。

第二节　变量设定和描述性统计分析

本章数据来自于中国国家统计局 2009 年的“中国城镇居民经济状况与心态调查”，变量的构造来自调查问卷的相关问题。在包含 5056 个家庭的 14109 个居民的数据中，剔除明显异常的数据后（重复样本、本章使用的关键数据缺失、问题选择结果不在备选答案之中、负债为负、资产为负、收入为负、年龄为负），剩下北京、河北、山西、辽宁、江苏、江西、山东、河南、海南、四川、甘肃、广东 12 个省和直辖市，共计 4198 个样本家庭。

本章目的在于考察家庭结构对家庭风险资产投资的影响。以下分别就家庭结构、风险资产投资和其他分析变量的构造进行说明。

一、家庭结构的设定

本章家庭结构设定与上一章的设定一致，包括：独代居住家庭、与父母同住家庭、与子女同住家庭以及三代同堂家庭。其中，独代居住家庭指户主夫妻同住或只有户主居住的家庭；与父母同住家庭指户主夫妻二人或者户主一人与父母共同居住的家庭，其中父母指户主父母或配偶父母；与子女同住家庭指户主夫妻或户主与子女共同居住的家庭；三代同堂家庭指户主夫妻或户主与父母、子女共同居住的家庭，其中父母指户主父母或配偶父母。表 5-1 列出了本章样本数据中各种类型家庭的数量及比例。由表 5-1 可知，与子女同住家庭在总样本中数量最多，共 2457 户家庭，独代居住家庭次之，共 1497 户，这两种类型家庭的和约占所有样本家庭的 94%。其余两类结构的家庭数量锐减，三代同堂家庭只有 164 户，与父辈同住家庭最少，共 80 户，分别占家庭总数的 3. 91%和 1. 91%。

表 5-1　家庭结构的描述性统计

家庭类型	独代居住	与父辈同住	与子女同住	三代同堂	合计
数量（户）	1497	80	2457	164	4198
占比（%）	35. 65	1. 91	58. 53	3. 91	100

同样地，对于占比最高的家庭结构——与子女同住家庭，本章也进行了更加深入的分析。鉴于 Wei 和 Zhang（2011a）及 Banerjee、Meng 和 Qian（2010）等学者的研究发现，子女性别及婚姻状况对于家庭广义储蓄存在重要影响，本书上一章关于家庭结构与家庭储蓄的研究也证明了这一点，故本章对于与子女同住家庭的分类沿用上一章的分类方法，对与子女同住家庭进行三个层次的分类分析，每一种分类的描述性统计结果如表 5-2 所示。在本章样本数据的与子女同住家庭中，独生子女家庭共有 2274 户，占与子女同住家庭的 92. 55%，占总样本数据的 54. 1%，独生子女家庭是我们的主要研究对象。本书数据来自于城镇居民家庭，是计划生育政策执行较为彻底的地区，所以这样的数据结构正反映了独生子女政策对我国人口结构造成的影响，符合我国国情。基于这样的数据结构及研究的严谨性，

本书对与子女同住家庭的研究的样本全部取自独生子女家庭，这样的选取方式一方面可以对子女数量进行控制，从而避免因子女数量不同而产生回归分析的差异，使研究结果更加准确，另一方面在我们的样本数据中，只有独生子女家庭的数据量可以支持我们得到稳定的回归结果，保证了分析结论的有效性。具体来说，在对与子女同住家庭的三种分类中，第一种分类着眼于研究婚姻状态对家庭风险资产投资行为的影响，故只保留了独生子女家庭中子女已婚的家庭及子女未婚的家庭。在剔除子女婚姻状态不明的样本数据后，可供研究的独生子女家庭样本共有 1108 户，其中已婚的独生子女家庭共 262 户，未婚家庭 846 户，未婚独生子女家庭是已婚家庭的 3 倍左右。第二种分类的设置着力于分析子女性别对家庭风险资产投资的影响，同样只保留独生子女家庭，以性别作为区分，分为独生子家庭和独生女家庭。在可以研究的 1108 户独生子女家庭中，有 430 户独生女家庭和 678 户独生子家庭，独生子家庭是独生女家庭的 1.6 倍左右，可见男女性别比差异确实较大。第三种分类同时考虑到子女性别及婚姻状态对家庭风险资产投资的影响，仅保留子女未婚的独生子女家庭，并以性别分为两组，分析检验是否存在家庭为了使男性未婚子孙在婚姻市场上更有竞争力而倾向于投资风险资产的投资行为。由表 5-2 可知，在 846 户子女未婚的独生子女家庭中，未婚独生女家庭共有 367 户，未婚独生子家庭共有 479 户，在未婚子女中，男女性别比差异依然较大。

表 5-2 与子女同住家庭的家庭结构分类的描述性统计

家庭结构	针对子女婚姻状态分类		针对子女性别分类		针对未婚子女性别分类	
	已婚独生子女家庭	未婚独生子女家庭	独生女家庭	独生子家庭	未婚独生女家庭	未婚独生子家庭
数量（户）	262	846	430	678	367	479
占比（%）	23.65	76.35	38.81	61.19	43.38	56.62
合计（户）	1108		1108		846	

综上，本章反映家庭结构的变量共有 7 个，具体包括：独代居住家庭（独代居住 1，其他 0）、与父母同住家庭（只与父母共同居住 1，其他 0）、与子女同住家庭（只与子女共同居住 1，其他 0）、三代同堂（与父母子女共同居住 1，其他 0）、未婚独生子女家庭（未婚独生子女家庭 1，已婚独

生子女家庭 0)、独生子家庭（独生子家庭 1，独生女家庭 0)，以及未婚独生子家庭（未婚独生子家庭 1，未婚独生女家庭 0)。

二、风险资产投资和其他变量设定

本章对居民家庭风险资产投资的研究从两个方面展开，一方面研究家庭是否参与风险资产投资，另一方面研究家庭风险资产投资比率，故反映风险资产投资的变量包括是否投资（1 表示家庭投资于风险资产，0 表示没有）和人均投资率两个。其中，是否投资反映居民家庭的风险资产参与决策情况，人均投资率反映居民家庭投资风险资产的资金占比情况，人均投资率的值等于家庭投资风险资产资金总量与家庭总财富的比值除以家庭人口数。本书风险资产包括股票、基金、外汇、债券及期货，只要居民家庭投资于其中任意一种资产则认为家庭参与了风险资产投资。家庭总财富指家庭现金、银行存款、股票、基金、外汇、债券、期货、住房公积金、保险金、收藏品的估计市场价值、其他金融理财产品、借出款、向企业或其他经营活动的投资、家庭经营活动占有的自有资金、房产的总和。

其他控制变量的设定与上一章一致，包括年龄、年龄的平方、性别（1 表示男性，0 表示女性)、受教育程度（分为初中及以下、高中或中专、大学专科或本科、研究生)、风险态度、2008 年收入、2008 年收入的平方、金融财富、信任、社会互动、房产数量、各地区 2009 年人均收入。其中，金融财富指现金、银行存款、股票、基金、外汇、债券、期货和其他理财产品的总和。各地区 2009 年人均收入数据来自中华人民共和国国家统计局发布的数据。上述变量的设定主要参考了吴卫星、沈涛（2015)，吴卫星、荣苹果和徐芊（2011)，李雅君、李志冰、董俊华和吴卫星(2015)。

三、主要变量的描述性统计

主要变量的描述性统计如表 5-3 所示。在本章样本中，有 24%的家庭会投资风险资产，人均投资率不到 1%，远低于欧美发达国家。在所有样本家庭中，36%的家庭独代居住，59%的家庭与子女同住，4%的家庭三代同堂，只有 2%的家庭与父母同住。同时，在独生子女家庭中，76%的家庭的子女未婚，61%的家庭的孩子为男性，未婚独生子家庭的比例为 57%。金融财富包括现金、银行存款、股票、基金、外汇、债券、期货和其他理财产品的总和，均值为 7 万元。在 4198 个样本家庭中，平均每户家庭拥有 1.09 套住房，住房最多的家庭拥有 4 套住房。

表 5-3　主要变量的描述性统计

变量	定义	均值	标准差	最小值	最大值
被解释变量的描述性统计分析					
是否投资	投资于风险资产，是 1，否 0	0.24	0.43	0	1
人均投资率	风险资产持有量比总财富除以家庭人口数	0.0099	0.0307	0	0.50
家庭结构变量的描述性统计分析					
独代居住	独代居住 1，其他 0	0.36	0.48	0	1.00
与父母同住	只与父母同住 1，其他 0	0.02	0.14	0	1.00
与子女同住	只与子女同住 1，其他 0	0.59	0.49	0	1.00
三代同堂	与父母子女共同居住 1，其他 0	0.04	0.19	0	1.00
未婚独生子女家庭	未婚独生子女家庭 1，已婚独生子女家庭 0	0.76	0.43	0	1.00
独生子家庭	独生子家庭 1，独生女家庭 0	0.61	0.49	0	1.00
未婚独生子家庭	未婚独生子家庭 1，未婚独生女家庭 0	0.57	0.50	0	1.00
控制变量的描述性统计分析					
年龄	年龄，单位为岁	5.03	1.28	2	9.40
2008 年家庭年收入	2008 年家庭年收入，单位为万元	2.88	1.96	0	44.98
风险态度	很喜欢冒险 0，喜欢冒险 1，一般 2，不喜欢冒险 3，很不喜欢冒险 4	2.75	0.73	0	4
受教育程度	初中及以下 0，高中或中专 1，大学专科或本科 2，研究生 3	1.03	0.85	0	3
性别	男性户主 1，女性户主 0	0.66	0.47	0	1
房产数量	有几套住房	1.09	0.45	0	4
金融财富	单位为百万元	0.07	0.13	0	4.10
信任	问卷中 10 方面信任的均值	2.89	0.44	1.10	5

续表

变量	定义	均值	标准差	最小值	最大值
控制变量的描述性统计分析					
社会互动	认识邻居的数量，所有人 1，绝大部分 2，少数部分 3，一个也不认识 4	2.75	0.64	1	4
各地区 2009 年人均收入	单位为万元	1.66	0.37	1.19	2.67

第三节　实证研究

一、研究模型

本章研究家庭结构对家庭风险资产投资的影响，其中对于家庭风险资产投资的测度包括是否投资和投资程度两个方面，分别用变量是否投资和人均投资率表示，是否投资的取值为 0 或 1（0 表示家庭没有参与风险资产投资，1 表示家庭投资于风险资产），人均投资率等于家庭投资风险资产的资金总量与家庭总财富的比值除以家庭人口数的值。本章实证研究模型共有两个，分别为模型 5.1 和模型 5.2。模型 5.1 研究家庭结构对是否投资的影响，模型 5.2 研究家庭结构对人均投资率的影响。对是否投资的研究，鉴于被解释变量是 0 或 1 的二值选择变量，故模型 5.1 采用二值选择模型，运用 Logit 模型进行回归。对人均投资率的影响研究，由于被解释变量均为小于 1 大于等于 0 的数，且变量是由一个离散点与一个连续分布所组成的混合分布，符合截取回归的特点，故模型 5.2 采用 tobit 模型进行回归。回归模型 5.1 和模型 5.2 的形式如式（5.1）和式（5.2）所示。

$$\text{Dependent Variable} = cons+\alpha_1 X+\beta_1 Z+\varepsilon \tag{5.1}$$

$$\text{Dependent Variable} = cons+\alpha_2 X+\beta_2 Z+\varepsilon \tag{5.2}$$

式（5.1）中被解释变量 Dependent Variable 为是否投资，式（5.2）中被解释变量 Dependent Variable 为人均投资率。cons 代表截距项，X 为家庭结构变量，ε 代表随机项，Z 为控制变量，包括年龄、年龄的平方、性别、受教育程度、风险态度、2008 年收入、2008 年收入的平方、金融财富、信任、社会互动、房产数量、各地区 2009 年人均收入。

二、回归分析

（一）独代居住家庭是否比多代同住家庭更积极地参与风险资产投资

本书研究的家庭类型包括独代居住家庭、与父母同住家庭、与子女同住家庭和三代同堂家庭。相比后三种多代同住家庭，独代居住家庭的家庭负担更小，家庭成员间没有代际差异，与三种多代同住家庭有明显差异。所以，在这一部分的研究中，我们把独代居住家庭作为基础组，将三种家庭类型的虚拟变量加入解释变量 X 中进行回归分析，对应假设 1b，探索多代同住和独代居住这两种不同家庭结构是否会对家庭风险资产投资产生不同影响。独居与共居家庭结构对家庭风险资产投资影响的回归结果如表 5-4 所示。

表 5-4　独居与共居家庭结构对家庭风险资产投资影响的回归结果

被解释变量	是否投资	人均投资率	被解释变量	是否投资	人均投资率
与父母同住	-0.635*	-0.0377**	年龄	0.0165	0.0121
	(0.356)	(0.0148)		(0.233)	(0.0105)
与子女同住	-0.123	-0.0182***	年龄^2	-0.0198	-0.00186*
	(0.0930)	(0.00399)		(0.0226)	(0.000993)
三代同堂	-0.586***	-0.0358***	家庭财富	8.852***	0.176***
	(0.227)	(0.00795)		(1.113)	(0.0339)
风险态度	-0.416***	-0.0177***	信任	0.0799	0.00319
	(0.0578)	(0.00236)		(0.0911)	(0.00361)
受教育程度	0.270***	0.0114***	社会互动	0.0818	0.00175
	(0.0540)	(0.00220)		(0.0623)	(0.00237)
性别	-0.209**	-0.00953***	2009 年地区人均收入	-0.339***	-0.0144***
	(0.0828)	(0.00336)		(0.122)	(0.00462)

续表

被解释变量	是否投资	人均投资率	被解释变量	是否投资	人均投资率
2008 年家庭年收入	0.307*** (0.0336)	0.00964*** (0.00123)	房产数量	0.259*** (0.0881)	-0.00213 (0.00367)
2008 年家庭年收入^2	-0.0232*** (0.00241)	-0.000563*** (7.78e-05)	Number of obs	4198	4198
			Pseudo R^2	0.159	1.4276

注：***、**、*分别表示在 1%、5% 和 10% 的水平上显著；被解释变量为是否投资的回归运用 Logit 模型，被解释变量为人均投资率的回归运用 tobit 模型；为了结果的稳健性，两组回归都采用稳健标准差的回归结果。括号中的值为对应标准误。

表 5-4 列出了两组回归结果，分别对应是否投资和人均投资率作为被解释变量的回归分析。由表 5-4 可知，相较于独代居住家庭，多代同住的三种家庭结构无论是参与风险资产投资的意愿还是人均投资率的回归，除了与子女同住家庭对是否投资的回归不显著之外，其他回归结果都显著低于独代居住家庭，其中人均投资率的回归结果尤其显著，三种多代居住家庭都在 5%的程度上显著低于独代居住家庭与子女同住家庭及三代同堂家庭的显著程度更是达到了 1%。在是否投资的回归结果中，与父母同住家庭在 10%的显著程度上低于独代居住家庭，三代同堂家庭在 1%的显著程度上低于独代居住家庭。回归结果充分证明，独代居住家庭风险资产投资的可能和人均投资率都高于多代同住的家庭，与假设 1b 一致。对这一现象，本书把多代同住家庭分成两个部分进行解释。对于同住家庭成员都有独立生活能力但仍然选择同住的这一部分家庭，我们认为这部分家庭成员的平均个人收入比独代居住家庭成员的平均个人收入低，他们选择共住就是为了减轻日益高昂的房价与房产维护费对家庭成员的压力，尤其是在社会保障还不够完备、金融市场还不够发达的今天，所以这部分家庭没有足够的财富去投资风险资产。另外一部分因为子女年幼或者父母年老而必须共居的家庭，我们认为这些家庭由于人均人力资本低于独代居住家庭，家庭负担较大，可用于投资的资本也必然较少，另外这些同住家庭之所以形成就是由于有无法独立生活的老人或孩子，所以家庭中有工作能力的成员除了要承担更多经济压力，还需要付出更多的时间和精力来照顾家中的老人和孩子，用于思考投资计划的时间和精力也必然不足。

（二）多代同住的三种家庭类型在风险资产投资方面是否态度一致

在研究了独代居住家庭与代际共居家庭风险资产投资的不同之后，我们把目光转向三种多代同住的家庭类型，验证在代际共居的三种家庭中，是否存在假设2b推测的三代同堂家庭比其他两组家庭风险资产投资更少的情况。以三代同堂家庭为基准组，将与父母同住家庭和与子女同住家庭的变量加入解释变量X中，回归模型与上一部分一致，回归结果如表5-5所示。在两组回归结果中，与父母同住家庭的系数为负且都不显著，由此可知，与父母同住家庭和三代同堂家庭对风险资产投资的态度和人均投资率都没有显著差异。在对与子女同住家庭的回归结果中，无论是是否投资还是人均投资率的回归都显著为正，其中是否投资在5%的水平上显著，人均投资率在1%的水平上显著。回归结果显示，与三代同堂家庭相比，与子女同住家庭无论是投资风险资产的可能性还是风险资产占家庭总财富的比值都更高，证明了假设2b对与子女同住家庭比三代同堂家庭更倾向于投资风险资产的推测。三代同堂家庭比起与子女同住家庭，无论是经济压力还是精神压力都更大，一方面有子女的教育婚姻问题，另一方面还有父母的健康和老年生活问题，资金压力比较大，需要耗费的时间和精力也更多，因此可用于投资的财富比较少，考虑投资的时间和精力也相对较少，参与风险资产投资的可能性也相对较低。

表5-5　共居家庭结构对家庭风险资产投资影响的回归结果

被解释变量	是否投资	人均投资率	被解释变量	是否投资	人均投资率
与父母同住	-0.0751 (0.400)	-0.000154 (0.0113)	年龄	-0.418 (0.303)	-0.00147 (0.00923)
与子女同住	0.481** (0.218)	0.0147*** (0.00545)	年龄^2	0.0242 (0.0299)	-0.000266 (0.000903)
风险态度	-0.400*** (0.0706)	-0.0124*** (0.00217)	家庭财富	8.664*** (1.477)	0.117*** (0.0341)
受教育程度	0.262*** (0.0662)	0.00831*** (0.00189)	信任	0.157 (0.112)	0.00644* (0.00337)
性别	-0.139 (0.101)	-0.00465 (0.00302)	社会互动	0.0760 (0.0773)	0.000341 (0.00219)
2008年家庭年收入	0.285*** (0.0549)	0.00623*** (0.00101)	2009年地区人均收入	-0.201 (0.148)	-0.00699* (0.00402)

续表

被解释变量	是否投资	人均投资率	被解释变量	是否投资	人均投资率
2008 年家庭年收入^2	-0.0208*** (0.00423)	-0.000365*** (7.17e-05)	房产数量	0.303*** (0.104)	-0.000108 (0.00311)
Number of obs	2701	2701	Pseudo R^2	0.147	-1.5272

注：***、**、*分别表示在 1%、5% 和 10% 的水平上显著；被解释变量为是否投资的回归运用 Logit 模型，被解释变量为人均投资率的回归运用 tobit 模型；为了结果的稳健性，两组回归都采用稳健标准差的回归结果。括号中的值为对应标准误。

（三）与父母同住家庭和与子女同住家庭的风险资产投资是否一致

在研究了三种代际共居家庭的风险资产投资情况之后，我们开始验证同样是两代共居的与父母同住家庭和与子女同住家庭间风险资产投资的异同，研究对应假设 3b。研究思路和模型与前文相同，依然是两组回归，回归方程分别对应式（5.1）和式（5.2）。在这部分分析中，只保留与父母同住和与子女同住两类家庭结构，以数量比例更大的与子女同住家庭为基准组，把代表与父母同住家庭的变量加入解释变量 X 中，分别进行 Logit 回归和 tobit 回归，回归结果如表 5-6 所示。

表 5-6　两代共居家庭结构对家庭风险资产投资影响的回归结果

被解释变量	是否投资	人均投资率	被解释变量	是否投资	人均投资率
与父母同住	-0.542 (0.349)	-0.0146 (0.0105)	年龄^2	0.0189 (0.0307)	-0.000437 (0.000940)
风险态度	-0.413*** (0.0728)	-0.0127*** (0.00227)	家庭财富	8.779*** (1.570)	0.117*** (0.0346)
受教育程度	0.255*** (0.0682)	0.00841*** (0.00198)	信任	0.153 (0.116)	0.00640* (0.00352)
性别	-0.155 (0.105)	-0.00514 (0.00317)	社会互动	0.0783 (0.0793)	0.000529 (0.00229)
2008 年家庭年收入	0.287*** (0.0513)	0.00627*** (0.00106)	2009 年地区人均收入	-0.156 (0.152)	-0.00611 (0.00416)

续表

被解释变量	是否投资	人均投资率	被解释变量	是否投资	人均投资率
2008年家庭年收入^2	-0.0213***	-0.000364***	房产数量	0.294***	-0.000571
	(0.00397)	(7.29e-05)		(0.109)	(0.00335)
年龄	-0.354	0.000518	Number of obs	2537	2537
	(0.313)	(0.00965)	Pseudo R^2	0.1483	-1.5976

注：***、**、*分别表示在1%、5%和10%的水平上显著；被解释变量为是否投资的回归运用Logit模型，被解释变量为人均投资率的回归运用tobit模型；为了结果的稳健性，两组回归都采用稳健标准差的回归结果。括号中的值为对应标准误。

由表5-6可知，与父母同住家庭和与子女同住家庭这两类两代共居家庭间，风险资产投资情况并没有显著差异。回归结果证明假设3b并不成立，与子女同住家庭的风险资产投资占比并没有显著低于与父母同住家庭，由此可知，与父母同住家庭虽然有父母的收入和储蓄，但相比父母的花费而言并没有使家庭的经济负担有明显减轻。而且，在本章样本家庭中，与父母同住家庭的风险资产投资，无论是投资可能性还是人均投资率都低于与子女同住家庭。这种现象可能有两种原因，一种是老人相比小孩所需资金量更大，尤其在老人遭受健康冲击的时候更为严重，所以家庭没有足够的资金去投资于风险资产；另一种是与父母同住家庭的户主考虑到父母身体突然恶化会带来的经济冲击，为了防止这种状况，更希望存储足够多的安全流动资金，不希望承担过多风险去参与风险资产投资。

(四) 与子女同住家庭风险资产投资的回归分析

1. 子女婚姻状态会影响家庭的风险资产投资吗

子女婚姻历来都是中国家庭的一件大事，为女儿准备嫁妆、为儿子准备聘礼早已成为了不可回避的习俗，且由于近年来房价大幅上升，为子女准备婚房成了很多家庭的头等大事。随着金融的不断发展，金融工具的不断创新，人们选择的理财产品越来越多，究竟子女婚姻状态是否会对家庭风险资产投资产生影响，又具体会产生怎样的影响是我们在这部分研究的问题，研究与假设4b对应。为了使分析结果更准确可信，受数据的限制，本书只保留独生子女家庭的样本进行分析，避免子女数量不同对研究结果带来的影响。具体来说，本节进行了两组回归，被解释变量与前文相同，分别是是否投资（投资于风险资产1，不投资0）和人均投资率。解释变量 X 为反映家庭结构的变量，即未婚独生子女家庭（未婚独生子女家庭 1，已婚独生子女家庭 0）。其中，对是否投资的研究运用 Logit 回归，人均投资率的研究运用 tobit 回归，为了回归结果的稳健性，两组回归都采用稳健标准差的回归结果，回归结果如表 5-7 所示。

表 5-7　与子女同住的家庭结构分类一的回归结果

被解释变量	是否投资	人均投资率	被解释变量	是否投资	人均投资率
未婚独生子女家庭	0.416 (0.283)	0.0177*** (0.00600)	年龄^2	0.121* (0.0647)	0.00222 (0.00155)
风险态度	-0.724*** (0.128)	-0.0190*** (0.00377)	家庭财富	10.29*** (1.955)	0.0912** (0.0374)
受教育程度	0.0965 (0.115)	0.00309 (0.00255)	信任	0.0711 (0.194)	0.000506 (0.00438)
性别	-0.400** (0.172)	-0.00939** (0.00433)	社会互动	0.131 (0.126)	0.000611 (0.00304)
2008 年家庭年收入	0.492*** (0.121)	0.0159*** (0.00382)	2009 年地区人均收入	-0.543** (0.248)	-0.0148** (0.00600)
2008 年家庭年收入^2	-0.0355*** (0.00926)	-0.00114*** (0.000300)	房产数量	0.0510 (0.173)	-0.00391 (0.00376)
年龄	-1.507** (0.769)	-0.0266 (0.0185)	Number of obs Pseudo R^2	1108 0.2086	1108 -2.1942

注：***、**、*分别表示在 1%、5% 和 10% 的水平上显著；被解释变量为是否投资的回归运用 Logit 模型，被解释变量为人均投资率的回归运用 tobit 模型；为了结果的稳健性，两组回归都采用稳健标准差的回归结果。括号中的值为对应标准误。

由表 5-7 可知，子女的婚姻状态对家庭是否投资风险资产的决策没有显著影响，但是对家庭风险资产投资率有显著正向影响，显著程度为 1%。回归结果证实了假设 4b 对子女未婚家庭倾向于投资风险资产的推测。与子女已婚家庭相比，子女未婚家庭对于财富快速大量增长的需求更加强烈，因此风险资产投资对于他们来说是最好的选择，通过承担适度风险可获得更高的收益。

2. 子女性别不同会影响家庭风险资产投资吗

子女性别对家庭资产配置的影响在以往的研究中就多有提及，但结论并不一致，Wei 和 Zhang（2011a）认为拥有男性子孙的家庭会减少消费，Banerjee、Meng 和 Qian（2010）则认为男性子孙多的家庭会有更多的消费。虽然他们的研究只是关注家庭储蓄，但子女性别对资产配置的重要性与研究结果的不一致足以引起我们的重视，故本章在这一部分将研究独生子家庭与独生女家庭风险资产投资的不同，研究与假设 5b 对应。同样是两组回归，回归模型与上一部分相同，回归结果如表 5-8 所示。

表 5-8　与子女同住的家庭结构分类二的回归结果

被解释变量	是否投资	人均投资率	被解释变量	是否投资	人均投资率
独生子家庭	0.416	−0.00762**	年龄^2	0.121*	0.00209
	(0.283)	(0.00388)		(0.0647)	(0.00158)
风险态度	−0.724***	−0.0190***	家庭财富	10.29***	0.0965***
	(0.128)	(0.00377)		(1.955)	(0.0374)
受教育程度	0.0965	0.00371	信任	0.0711	0.00101
	(0.115)	(0.00256)		(0.194)	(0.00442)
性别	−0.400**	−0.00907**	社会互动	0.131	0.000285
	(0.172)	(0.00433)		(0.126)	(0.00306)
2008 年家庭年收入	0.492***	0.0149***	2009 年地区人均收入	−0.543**	−0.0126**
	(0.121)	(0.00378)		(0.248)	(0.00597)
2008 年家庭年收入^2	−0.0355***	−0.00110***	房产数量	0.0510	−0.00386
	(0.00926)	(0.000298)		(0.173)	(0.00381)
年龄	−1.507**	−0.0292	Number of obs	1108	1108
	(0.769)	(0.0188)	Pseudo R^2	0.2086	−2.1407

注：***、**、*分别表示在 1%、5% 和 10% 的水平上显著；被解释变量为是否投资的回归运用 Logit 模型，被解释变量为人均投资率的回归运用 tobit 模型；为了结果的稳健性，两组回归都采用稳健标准差的回归结果。括号中的值为对应标准误。

由表 5-8 可知，子女性别并不影响家庭风险资产投资的决策，但会显著影响家庭人均投资率，独生子家庭相比独生女家庭投资风险资产占总财富的比重更低，回归结果在 5%的程度上显著。假设 5b 推测，男性子孙家庭的经济负担相比女性子孙家庭更大，家庭追求财富增值的愿望更加强烈，因而独生子家庭投资风险资产的财富比率更高，但实证分析表明这一推测并不成立，相反，独生子家庭持有风险资产占家庭总财富的比率更低。然而，有趣的是，虽然是否投资的回归并不显著，但在本章样本数据中，独生子家庭比独生女家庭更倾向于投资风险资产，与假设 5b 对投资意愿的推测一致。回归结果表明，意愿更强的独生子家庭持有的风险资产比率恰恰更低，这种矛盾的现象恰恰说明独生子家庭的经济负担确实更大，以至于没有足够多的资产用于风险资产投资，但投资的倾向确实高于独生女家庭。

3. 未婚独生子家庭风险资产投资行为确实有异于未婚独生女家庭吗

根据 Wei 和 Zhang（2011a）的研究，为了使男性子孙在婚姻市场上更具竞争力，家庭消费会更少，以使家庭资产增值。在这一部分的分析中，我们从家庭结构的角度对这一问题进行研究，只保留与子女同住家庭中的独生子女未婚家庭，研究是否男性未婚子孙家庭的风险资产配置与拥有女性未婚子孙的家庭显著不同，研究对应假设 6b。家庭结构的变量设定为未婚独生子家庭（0 表示未婚独生女家庭，1 表示未婚独生子家庭），被解释变量和模型设定与上一部分一致，回归结果如表 5-9 所示。

表 5-9 与子女同住的家庭结构分类三的回归结果

被解释变量	是否投资	人均投资率	被解释变量	是否投资	人均投资率
未婚独生子家庭	0.416 (0.283)	-0.00458 (0.00457)	年龄^2	0.121* (0.0647)	-0.00272 (0.00465)
风险态度	-0.724*** (0.128)	-0.0213*** (0.00454)	家庭财富	10.29*** (1.955)	0.106** (0.0433)
受教育程度	0.0965 (0.115)	0.00306 (0.00307)	信任	0.0711 (0.194)	-0.00134 (0.00511)
性别	-0.400** (0.172)	-0.00939* (0.00514)	社会互动	0.131 (0.126)	0.000942 (0.00369)
2008 年家庭年收入	0.492*** (0.121)	0.0164*** (0.00441)	2009 年地区人均收入	-0.543** (0.248)	-0.0122* (0.00689)
2008 年家庭年收入^2	-0.0355*** (0.00926)	-0.00129*** (0.000376)	房产数量	0.0510 (0.173)	-0.00136 (0.00463)

续表

被解释变量	是否投资	人均投资率	被解释变量	是否投资	人均投资率
年龄	-1.507**	0.0246	Number of obs	846	846
	(0.769)	(0.0490)	Pseudo R^2	0.2086	-2.4768

注：***、**、*分别表示在1%、5%和10%的水平上显著；被解释变量为是否投资的回归运用Logit模型，被解释变量为人均投资率的回归运用tobit模型；为了结果的稳健性，两组回归都采用稳健标准差的回归结果。括号中的值为对应标准误。

由表5-9可知，未婚独生子家庭的风险资产投资情况与未婚独生女家庭并没有显著不同，是否投资和人均投资率的回归都不显著，研究结果不支持假设6b。虽然回归不显著，但在样本数据的两组回归中，未婚独生子家庭的系数符号与上一部分的回归一致，即未婚独生子家庭投资风险资产的意愿更强，但持有风险资产占总财富的比率更低。

第四节 本章小结

本章运用中国国家统计局2009年的“中国城镇居民经济状况与心态调查”的微观调查数据，探索了中国家庭结构与风险资产投资的关系。

研究发现，家庭结构是影响家庭风险资产投资的重要因素。具体来说，独代居住家庭比多代同住家庭的人均投资率更高，投资于风险资产的可能性也更高，与假设1b一致。在多代同住家庭中，与子女同住家庭比三代同堂家庭持有的风险资产占家庭总财富的比率更高，且参与风险资产投资的可能性更高，与假设2b对与子女同住家庭和三代同堂家庭关系的推测一致。然而，与父母同住家庭和与子女同住家庭的风险资产投资情况并没有显著不同，与假设3b不符。

对于我国现在所占比率较多的家庭结构——与子女同住的家庭来说，子女的婚姻状态确实会对家庭资产配置造成影响，子女未婚的家庭有更大的动力去增加财富，投资风险资产的资金比率更高，证明了假设4b的推断。子女性别也是影响家庭风险资产投资决策的重要因素，独生子家庭与独生女家庭相比，投资风险资产的资金比率更小，与假设5b的推测相反。回归结果证明，与女性子孙家庭相比，男性子孙家庭需要消费的项目更多，耗费的资金量更大，家庭可用于风险资产投资的资金比率相对较少。也许是由于未婚与男性子孙对家庭风险资产投资存在反向影响，未婚男性子孙家庭与未婚女性子孙家庭相比，家庭风险资产投资情况并没有显著不同，与假设 6b 不符。

第六章

家庭结构和家庭负债

纵观家庭金融的相关研究，其中与家庭资产配置相关的文章可谓是研究中的大部头，而对于家庭负债的研究则相对较少。2007 年金融危机的爆发，使以次级贷款为主要形式的家庭负债被认为是构成金融危机的直接原因之一，因此对家庭负债的研究得到了越来越多的重视。但是，在这些研究中，对影响家庭负债因素的分析依然相对单薄。

随着金融市场的高速发展，很多国家的居民负债水平在过去几十年间大幅上升。根据 2015 年的中国家庭金融调查报告，中国居民家庭因房产而借贷的家庭户数占到总样本的 29.78%，家庭贷款均值为 28.22 万元，可见我国居民家庭的平均负债水平也有了很大提升。负债使居民家庭能够提前消费从而提高家庭效用，是提高居民家庭福利的一大金融利器。但负债水平过高会使家庭出现过度负债，则会严重影响家庭经济情况，使家庭面临财务困境。因此，适度负债，在给家庭带来利益的同时使负债水平保持在安全水平之内对家庭来说是非常重要的。本章对家庭负债进行研究，运用中国国家统计局 2009 年的“中国城镇居民经济状况与心态调查”微观调查数据，从家庭结构的角度切入，研究家庭结构对我国城镇居民家庭负债行为的影响。

本章余下内容安排如下：第一节是家庭结构对家庭负债影响的相关文献回顾和理论假设；第二节介绍了变量的设定和描述性统计分析；第三节是实证研究；第四节是本章小结。

第一节　文献回顾和理论假设

一、文献回顾

影响家庭负债的因素主要有两类，一类是反映家庭特征的微观变量，一类是反映经济情况的宏观变量。其中，反映经济情况的变量包括利率水平、物价水平、就业情况等，由于这些变量具有相对的外生性，对同样经济环境家庭的影响可以认为是一致的。反映家庭特征的因素，如家庭收入、金融资产、家庭人口，以及户主受教育状况、婚姻状况、家庭成员职业和家庭所在省份等因素都会对家庭负债产生影响。陈斌开、李涛（2011），何丽芬、吴卫星和徐芊（2012），刘晓欣、周弘（2012）等学者都曾对这些因素进行过分析。

已有关于家庭结构与家庭负债的研究，主要关注家庭人口数量对家庭负债的影响，对家庭负债的研究有不同侧重。陈斌开、李涛（2011）在研究中发现，越是人口数量多的家庭，负债的可能性也越大。他们认为，出现这种现象的原因在于人口多的家庭规模更大，家庭需要承担的压力更大，同时人力资本和资产都更多，因此可以借债的渠道和能力也更多更强。秦建群、秦建国和吕忠伟（2011）研究了我国12省（市）的农户家庭信贷的渠道选择问题，研究发现家庭规模大的家庭无论是从正规金融渠道还是非正规渠道都比家庭规模小的家庭借贷更多。他们认为，家庭规模在反映家庭资金需求规模的同时也反映了家庭的社会资本规模，因此，家庭规模大的家庭会通过多元化的渠道借贷使家庭效用最大化。刘晓欣、周弘（2012）对家庭负债渠道进行了更加细致的分析研究，认为人口越多的家庭会有更多的借款，并且这些借款主要来自于亲戚朋友而不是银行贷款。出现这一现象的主要原因在于随着家庭规模的扩大，家庭对流动性资产的需求增加。国外的研究，如 Fabbri 和 Padula（2004）、Jacobsen 和 Naug（2004）、Worthington（2006）也得到了一致的结论，即家庭规模越大的家庭负债的可能性越高。

二、理论假设

第三章中，我们针对不同层面家庭结构间的金融行为差异做出了6组假设，在本章我们会对这6组假设中家庭负债的部分进行分析验证，现将关于家庭负债部分的假设列出。

假设1c：三代同堂家庭、与子女同住家庭和与父母同住家庭比独代居住家庭负债的可能性更高，负债比率也更高。

假设2c：与子女同住家庭和与父母同住家庭比三代同堂家庭负债的可能性更低，负债比率也会更低。

假设3c：与父母同住家庭和与子女同住家庭的负债情况主要在于负债渠道和理由的不同，与父母同住家庭向亲戚朋友出于健康理由的借债更多，与子女同住家庭向银行贷款出于教育理由的负债会更多。

假设4c：子女未婚家庭比子女已婚家庭负债的可能性更低，负债比率也更低。

假设5c：男性子孙家庭比女性子孙家庭负债的可能性更高，负债比率也更高。

假设6c：未婚男性子孙家庭比未婚女性子孙家庭负债的可能性更高，负债比率也更高。

第二节　变量设定和描述性统计分析

本章数据来自中国国家统计局2009年的“中国城镇居民经济状况与心态调查”，变量的构造来自调查问卷的相关问题。观测值的单位是个体，或者是单独居住，又或者是一个多人家庭的成员，具体包含了5056个家庭的14109个居民的数据，大多数的社会经济学信息都在个体水平上收集。在剔除明显异常的样本后（如重复样本、本章使用的关键数据缺失、问题选择结果不在备选答案之中、负债为负、资产为负、收入为负、年龄为负），剩下北京、河北、山西、辽宁、江苏、江西、山东、河南、海南、四川、甘肃、广东12个省和直辖市，共计4195个样本家庭。

本书的目的在于考察家庭结构对家庭负债的影响，因此构造合理有效的家庭结构变量是一个重点。以下分别就家庭结构、家庭负债和其他变量的构造进行说明。

一、家庭结构的设定

本书对家庭结构的设定主要从代际共居的角度进行分类，考虑到数据的局限性及分析的有效性，本书中分析的家庭结构包括：独代居住家庭、与父母同住家庭、与子女同住家庭以及三代同堂家庭。其中，独代居住家庭指户主夫妻同住或只有户主居住的家庭；与父母同住家庭指户主夫妻二人或者户主一人与父母共同居住的家庭，其中父母指户主父母或配偶父母；与子女同住家庭指户主夫妻或户主与子女共同居住的家庭；三代同堂家庭指户主夫妻或户主与父母、子女共同居住的家庭，其中父母指户主父母或配偶父母。表 6-1 中列出了本章样本数据中各种类型家庭的数量及比例。由表 6-1 可知，与子女同住家庭是样本中占比最高的家庭结构，共 2457 户，独代居住家庭次之，共 1494 户，这两种类型的家庭约就占了所有样本家庭的 94.18%。其余两类结构的家庭数量锐减，三代同堂家庭共 164 户，与父辈同住家庭的数量最少，共 80 户，分别占总样本的 3.91% 和 1.91%。

表 6-1　家庭结构的描述性统计

家庭类型	独代居住	与父辈同住	与子女同住	三代同堂	合计
数量（户）	1494	80	2457	164	4195
占比（%）	35.61	1.91	58.57	3.91	100

与上两章一样，由于与子女同住家庭是所有家庭中占比最高的家庭结构，也是以往研究中出现最多的家庭结构，我们对这一结构的家庭进行了更加深入的研究。根据 Wei 和 Zhang（2011a）及 Banerjee、Meng 和 Qian（2010）的研究，子女的性别及婚姻状况对于家庭储蓄存在重要影响，本书第四章和第五章的研究也充分证明了这一点，并且发现子女性别和婚姻状态不仅会影响家庭的储蓄行为，对家庭的风险资产投资也会产生重要影响，故本章延续上两章的分类方法，按照子女的性别和婚姻状况对与子女同住家庭进行分类，研究这两种因素对家庭负债的影响情况。为了达到这一目的，本章对与子女同住的家庭进行了三种分类，每一种分类的描述性统计如表 6-2 所示。由统计结果可知，在本章样本数据的与子女同住家庭

中，独生子女家庭共有2274户，占与子女同住家庭的92.55%，占总样本数据的54.2%，独生子女家庭是我们的主要研究对象。本书数据来自于城镇居民家庭，是计划生育政策执行较为彻底的地区，所以这样的数据结构正反映了独生子女政策对我国人口结构造成的影响，符合我国国情。基于这样的数据结构及研究的严谨性，本书对与子女同住家庭的研究的样本全部取自独生子女家庭，这样的选取方面一方面可以对子女数量进行控制，从而避免因子女数量不同而产生分析结果的差异，使研究结果更加准确，另一方面在我们的样本数据中，只有独生子女家庭的数据量可以支持我们得到稳定的回归结果，保证了分析结论的有效性。具体来说，在对与子女同住家庭的三种分类中，第一种分类着眼于研究婚姻状态对家庭负债的影响，故只保留了独生子女中子女已婚的家庭及子女未婚的家庭。在剔除子女婚姻状态不明的样本数据后，可供研究的独生子女家庭样本共有1108户，其中已婚的独生子女家庭共262户，未婚家庭846户，未婚独生子女家庭是已婚家庭的3倍左右。第二种分类的设置着力于分析子女性别对家庭负债的影响，同样只保留了独生子女家庭，以性别区分，分为独生子家庭与独生女家庭。在可以研究的1108户独生子女家庭中，有430户独生女家庭和678户独生子家庭，独生子家庭是独生女家庭1.6倍左右，可见，男女性别比差异确实较大。第三种分类同时考虑了子女性别及婚姻状态对家庭负债的影响，保留了子女未婚的独生子女家庭，并以性别分为两组，分析检验是否存在诸如家庭为了使男性子孙在婚姻市场上更有竞争力而使家庭负债更多的情况。由表6-2可知，在846户子女未婚的独生子女家庭中，未婚独生女家庭共有367户，未婚独生子家庭共有479户，可见在未婚子女中，男女性别比差异依然较大。

表6-2 与子女同住家庭的家庭结构分类的描述性统计

家庭结构	针对子女婚姻状态分类		针对子女性别分类		针对未婚子女性别分类	
	已婚独生子女家庭	未婚独生子女家庭	独生女家庭	独生子家庭	未婚独生女家庭	未婚独生子家庭
数量（户）	262	846	430	678	367	479
占比（%）	23.65	76.35	38.81%	61.19	43.38	56.62
合计（户）	1108		1108		846	

综上所述，本文反映家庭结构的变量共有 7 个，具体包括：独代居住家庭（独代居住 1，其他 0）、与父母同住家庭（只与父母共同居住 1，其他 0）、与子女同住家庭（只与子女共同居住 1，其他 0）、三代同堂（与父母子女共同居住 1，其他 0）、未婚独生子女家庭（未婚独生子女家庭 1，已婚独生子女家庭 0）、独生子家庭（独生子家庭 1，独生女家庭 0），以及未婚独生子家庭（未婚独生子家庭 1，未婚独生女家庭 0）。

二、家庭负债的设定

本章对家庭负债的研究分为两方面：一方面研究家庭结构对家庭负债可能性的影响，另一方面研究家庭结构对家庭负债程度的影响。书中使用负债总资产比来衡量家庭的负债程度。另外，除了对家庭总体负债情况的分析，本书还把负债细分进行更具体的研究。首先，从获得渠道来看，我们把负债分为银行贷款（从银行贷款）和亲朋借款（向亲戚朋友借款）两类，虽然实际生活中居民还可以从民间资本市场借款，但在我们的样本数据中，因民间借贷负债的家庭一共只有 3 户，数量太少，故在负债渠道这一分类中不考虑这种借贷渠道。其次，从负债用途来看，我们把负债分为了房产负债（为了建房或买房而借贷）和其他负债（除了房产外，出于其他原因而借贷的部分）两类，这种分类方式是在考虑两个因素后作出的。原因一是有很多学者的研究发现，大部分中国居民家庭借贷的原因就是购买房产，中国家庭金融调查的数据也充分体现了这一点，因此我们对房产负债单独分类；原因二是我们的样本数据显示，由房产之外其他原因而借贷的家庭数量很少，故在这一层分类中，出于对回归结果有效性的考虑，本书把房产外其他原因的负债加总作为其他负债变量进行研究。进一步，如果在分析中确认家庭结构对其他负债情况会产生影响，我们会继续探索具体负债原因，充分利用数据信息，把出现较多的负债原因专门提取出来再一次回归进行研究，对这些负债因素的衡量我们设定以下变量：教育负债（为了家庭成员的教育而借贷）、资本增值负债（为了使家庭资本增值而借贷，具体包括为了股票投资和家族生意而借贷的部分）、耐用消费品负债（为了购买耐用消费品而借贷）和健康负债（为了给家庭成员治病而借贷）。

综上所述，本章家庭负债的相关变量共有 18 个。其中，反映家庭是否拥有负债的变量有：是否负债（家庭存在负债为 1，没有任何负债为 0）、是否银行贷款（向银行贷款为 1，没有为 0）、是否借款（向亲戚朋友借款为1，没有为0）、是否房产负债（有用于建房或买房的负债为1，没有为0）、是否其他负债（有用于房产外的负债为1，没有为0）。在确认了其他负债回归结果显著后，为了明确负债原因，又把其他负债中的大概率负债原因提取出来，再一次进行回归，反映这些负债原因的变量有：教育负债（有用于教育的负债为1，没有为0）、资本增值负债（有用于股票投资和家族生意负债为1，没有为0）、消费负债（有用于购买耐用消费品的负债为1，没有为0）、健康负债（有用于给家庭成员治病的负债为1，没有为0）。

相应地，反映家庭负债程度的变量为各种负债与家庭总资产的比值，包括总负债资产比（家庭总负债与总资产的比值）、银行贷款资产比（银行贷款与总资产的比值）、借款资产比（向亲朋借款与总资产的比值）、房产负债资产比（用于房产的负债与总资产的比值）、其他负债资产比（除用于房产外其他负债与总资产的比值）。其他负债这个大类，又包括了教育负债资产比（用于教育负债与总资产的比值）、资本负债资产比（用于股票投资和家族生意的负债与总资产的比值）、消费负债资产比（用于耐用消费品购买的负债与总资产比值）和健康负债资产比（用于家庭成员治病负债与总资产比值）。

三、其他控制变量设定

在参考了已有文献中负债影响因素的相关分析之后，设定本章其他的控制变量，包括年龄、年龄的平方、性别（1表示男性，0表示女性）、受教育程度（分为初中及以下、高中或中专、大学专科或本科、研究生）、风险态度、2008年收入、2008年收入的平方、信任、金融资产占比（家庭金融财富与家庭总财富的比值）、房产占比（家庭房产总价值与家庭总财富的比值）、经济形势预期（1为乐观，2为既不乐观也不悲观，3为悲观，4为不知道）、收入水平预期（1为增加，2为不变，3为减少，4为不知道）、消费品价格预期（1为上升，2为不变，3为下降，4为不知道）、就业情况预期（1为乐观，2为既不乐观也不悲观，3为悲观，4为不知道）、利率预期（1为上升，2为不变，3为下降，4为不知道）。其中，总财富指家庭现金、银行存款、股票、基金、外汇、债券、期货、住房公积金、保险金、收藏品的估计市场价值、其他金融理财产品、借出款、向企业或其他经营活动的投资、家庭经营活动占有的自有资金、房产的总和。金融财富指现金、银行存款、股票、基金、外汇、债券、期货和其他理财产品的总和。上述变量的设定主要参考了何丽芬、吴卫星和徐芊（2012）

及李雅君、李志冰、董俊华和吴卫星（2015）的相关设定。

四、主要变量的描述性统计分析

主要变量的描述性统计分析如表 6-3 所示。由统计结果可知，本章样本数据中，负债的家庭相对较少，只有占总样本 16.6%的家庭会负债。在这部分负债家庭中，9.5%的家庭会向银行借款，9.1%的家庭会向亲戚朋友借款。家庭借款的目的，最多的是为了购置房产，有 13%的家庭均是如此。与购置房产相比，由其他原因进行借款的家庭比例大幅下降，只有 5.9%。就 16.6%的负债家庭来说，负债程度普遍来说相对较低的，平均只有 2.6%的总负债资产比。值得注意的是，虽然向银行借款和向亲朋借款的家庭数量基本相同，但家庭从这两种渠道获得借贷的资产占比却相差很大，在我们的样本数据中，银行贷款在家庭资产中所占的比例是很低的，在保留三位小数的情况下其均值为 0，而借款资产比的均值 2.5%则更接近总负债资产比。关于家庭结构变量的描述性统计结果显示，在本章样本家庭中，35.6%的家庭独代居住，58.6%的家庭与子女同住，3.9%的家庭三代同堂，只有 1.9%的家庭与父母同住。同时，在独生子女家庭中，76%的家庭的子女未婚，61%的家庭的孩子为男性，未婚独生子家庭的比例为 57%。其他控制变量的描述性统计结果显示，样本中户主的平均年龄为 50 岁，65.7%的户主为男性，2008 年家庭年收入的均值为 28800 元，家庭平均持有金融资产与家庭总财富的比值为 18.4%。

表 6-3　主要变量的描述性统计表

变量	定义	均值	方差	最小值	最大值
被解释变量的描述性统计分析					
是否负债	家庭存在负债为 1，没有任何负债为 0	0.166	0.372	0.000	1.000
是否银行贷款	家庭有银行贷款为 1，没有为 0	0.095	0.293	0.000	1.000
是否借款	家庭有向亲戚朋友的借款为 1，没有为 0	0.091	0.287	0.000	1.000
是否房产负债	有用于建房或买房的负债为 1，没有为 0	0.130	0.336	0.000	1.000
是否其他负债	有用于房产外的负债为 1，没有为 0	0.059	0.236	0.000	1.000

续表

变量	定义	均值	方差	最小值	最大值
是否教育负债	有用于教育的负债为1，没有为0	0.014	0.118	0.000	1.000
是否资本增值负债	有用于股票投资和家族生意的负债为1，没有为0	0.020	0.140	0.000	1.000
是否消费负债	有用于购买耐用消费品的负债为1，没有为0	0.029	0.167	0.000	1.000
是否健康负债	有用于给家庭成员治病的负债为1，没有为0	0.015	0.121	0.000	1.000
总负债资产比	家庭总负债与总资产的比值	0.011	0.083	0.000	3.692
银行贷款资产比	银行贷款与总资产的比值	0.000	0.001	0.000	0.012
借款资产比	向亲戚朋友的借款与总资产的比值	0.011	0.083	0.000	3.692
房产负债资产比	用于建筑或购买房产的负债与总资产的比值	0.008	0.049	0.000	0.865
其他负债资产比	用于房产以外其他负债与总资产的比值	0.003	0.067	0.000	3.692
教育负债资产比	用于教育的负债与总资产的比值	0.003	0.067	0.000	3.692
资本负债资产比	用于股票投资和家族生意的负债与总资产的比值	0.000	0.001	0.000	0.051
消费负债资产比	用于耐用消费品购买的负债与总资产比值	0.000	0.005	0.000	0.212
健康负债资产比	用于家庭成员治病的负债与总资产比值	0.000	0.003	0.000	0.160
家庭结构变量的描述性统计分析					
独代居住	独代居住1，其他0	0.356	0.479	0.000	1.000
与父母同住	只与父母同住1，其他0	0.019	0.137	0.000	1.000
与子女同住	只与子女同住1，其他0	0.586	0.493	0.000	1.000
三代同堂	与父母子女共同居住1，其他0	0.039	0.194	0.000	1.000
未婚独生子女家庭	未婚独生子女家庭1，已婚独生子女家庭0	0.764	0.425	0.000	1.000

续表

变量	定义	均值	方差	最小值	最大值
家庭结构变量的描述性统计分析					
独生子家庭	独生子家庭 1，独生女家庭 0	0.612	0.488	0.000	1.000
未婚独生子家庭	未婚独生子家庭 1，未婚独生女家庭 0	0.566	0.496	0.000	1.000
控制变量的描述性统计分析					
年龄（岁）	年龄（岁）	5.032	1.276	2.000	9.400
风险态度	很喜欢冒险 0，喜欢冒险 1，一般 2，不喜欢冒险 3，很不喜欢冒险 4	2.747	0.725	0.000	4.000
受教育程度	初中及以下 0，高中或中专 1，大学专科或本科 2，研究生 3	1.029	0.845	0.000	3.000
性别	男性户主 1，女性户主 0	0.657	0.475	0.000	1.000
2008 年家庭年收入	2008 年家庭年收入，单位为万元	2.880	1.962	0.000	44.983
信任	问卷中 10 方面信任的均值	2.886	0.440	1.100	5.000
金融资产占比	家庭金融财富与家庭总财富的比值	0.184	0.212	0.000	1.000
房产占比	家庭房产总价值与家庭总财富的比值	0.00974	0.129	0.000	5.08
经济形势预期	1 为乐观，2 为既不乐观也不悲观，3 为悲观，4 为不知道	1.944	0.963	1.000	4.000
收入水平预期	1 为增加，2 为不变，3 为减少，4 为不知道	1.618	0.957	1.000	4.000
消费品价格预期	1 为上升，2 为不变，3 为下降，4 为不知道	1.827	0.977	1.000	4.000
就业情况预期	1 为乐观，2 为既不乐观也不悲观，3 为悲观，4 为不知道	2.338	0.874	1.000	4.000
利率预期	1 为上升，2 为不变，3 为下降，4 为不知道	2.432	1.243	1.000	4.000

第三节　实证研究

一、研究模型

本章研究家庭结构对家庭负债的影响，对负债的研究测度有两类，一类研究对负债可能性的影响，一类研究家庭结构对各种负债程度的影响。鉴于研究内容，本章实证研究模型共有两个，分别为模型 6.1 和模型 6.2。模型 6.1 研究家庭结构对是否负债的影响，模型 6.2 研究家庭结构对负债程度的影响。对于是否负债的影响，由于被解释变量都是 0 或 1 的二值选择变量，故模型 6.1 采用二值选择模型，本章运用 probit 模型进行回归分析。对负债程度的影响研究，由于被解释变量均为小于 4 大于等于 0 的数，且变量是由一个离散点与一个连续分布所组成的混合分布，符合截取回归的特点，故模型 6.2 采用 tobit 模型进行回归。回归模型 6.1 和模型 6.2 的形式如式（6.1）和式（6.2）所示。

$$\text{Dependent Variable} = cons + \alpha_1 X + \beta_1 Z + \varepsilon \tag{6.1}$$

$$\text{Dependent Variable} = cons + \alpha_2 X + \beta_2 Z + \varepsilon \tag{6.2}$$

式（6.1）中被解释变量 Dependent Variable 包括是否负债、是否银行贷款、是否借款、是否房产负债、是否其他负债以及教育负债、资本增值负债、消费负债、健康负债。式（6.2）中被解释变量 Dependent Variable 包括总负债资产比、银行贷款资产比、借款资产比、房产负债资产比、其他负债资产比以及教育负债资产比、资本负债资产比、消费负债资产比和健康负债资产比。在两个方程中，cons 代表截距项，X 为家庭结构变量，ε 代表随机项，Z 为控制变量，包括年龄、年龄的平方、性别、受教育程度、风险态度、2008 年收入、2008 年收入的平方、信任、金融资产占比、房产占比、经济形势预期、收入水平预期、消费品价格预期、就业情况预期和利率预期。

二、回归分析

（一）独代居住家庭的负债行为是否明显有异于多代同住家庭

本书研究的家庭类型包括独代居住家庭、与父母同住家庭、与子女同住家庭以及三代同堂家庭。与前两章分析顺序一致，在这一部分的分析中，我们把独代居住家庭作为基础组，将后三种家庭类型的虚拟变量加入解释变量中进行回归，探索多代同住的家庭与独代居住家庭对家庭负债是否存在不同的影响，研究对应假设 1c。表 6-4 和表 6-5 分别报告了家庭结构对家庭负债可能性和家庭负债程度影响的回归结果，前者为二值选择模型运用 probit 模型进行回归，后者符合截取回归的特点，采用 tobit 模型进行回归。为了确保结果的稳健性，两组回归都采用了稳健标准差的回归结果。

表 6-4　独居与共居家庭结构对家庭负债选择影响的回归结果

变量	是否负债	是否银行贷款	是否借款	是否房产负债	是否其他负债
与父母同住	0.218 (-0.164)	-0.173 (-0.209)	0.346* (-0.190)	0.157 (-0.191)	0.273 (-0.238)
与子女同住	0.058 (-0.058)	-0.080 (-0.070)	0.139** (-0.069)	-0.042 (-0.065)	0.235*** (-0.081)
三代同堂	0.010 (-0.134)	-0.183 (-0.170)	0.122 (-0.150)	-0.222 (-0.145)	0.344** (-0.167)
风险态度	-0.101*** (-0.034)	-0.143*** (-0.042)	-0.0761* (-0.039)	-0.0734* (-0.038)	-0.113** (-0.045)
受教育程度	-0.002 (-0.032)	0.134*** (-0.040)	-0.0841** (-0.038)	0.0973*** (-0.036)	-0.113** (-0.045)
性别	0.048 (-0.051)	-0.048 (-0.063)	0.078 (-0.059)	0.036 (-0.058)	0.047 (-0.066)
2008 年家庭年收入	0.0838*** (-0.018)	0.254*** (-0.041)	-0.023 (-0.022)	0.189*** (-0.036)	-0.0596** (-0.028)

续表

变量	是否负债	是否银行贷款	是否借款	是否房产负债	是否其他负债
2008 年家庭年收入^2	-0.00187***	-0.0109***	0.001	-0.00724**	0.00189**
	(-0.001)	(-0.003)	(-0.001)	(-0.003)	(-0.001)
年龄	-0.302**	-0.444***	-0.011	-0.344**	0.096
	(-0.132)	(-0.171)	(-0.154)	(-0.149)	(-0.182)
年龄^2	0.014	0.026	-0.008	0.013	-0.010
	(-0.013)	(-0.017)	(-0.015)	(-0.014)	(-0.017)
金融资产持有状况	-1.173***	-2.668***	-0.557***	-2.443***	-0.131
	(-0.199)	(-0.491)	(-0.178)	(-0.411)	(-0.166)
经济形势预期	-0.021	-0.0841**	0.009	-0.029	0.008
	(-0.028)	(-0.035)	(-0.032)	(-0.032)	(-0.036)
收入水平预期	0.031	0.033	0.017	0.035	0.006
	(-0.027)	(-0.034)	(-0.031)	(-0.032)	(-0.035)
消费品价格预期	-0.020	-0.0826**	-0.001	-0.0525*	0.010
	(-0.026)	(-0.033)	(-0.028)	(-0.030)	(-0.032)
就业情况预期	0.050	0.022	0.0593*	0.054	0.025
	(-0.032)	(-0.0400	(-0.036)	(-0.037)	(-0.041)
利率预期	0.0485**	0.043	0.039	0.026	0.037
	(-0.021)	(-0.027)	(-0.025)	(-0.025)	(-0.027)
房产持有状况	7.54e-07***	6.51e-07***	6.94e-07***	6.31e-07***	4.99e-07***
	(0.000)	(0.000)	(0.000)	(0.000)	(0.000)
信任	0.121**	0.143**	0.074	0.114*	0.116
	(-0.057)	(-0.069)	(-0.067)	(-0.067)	(-0.075)
Number of obs	4195	4195	4195	4195	4195
Pseudo R^2	0.0675	0.1582	0.0331	0.1307	0.0306

注：***、**、*分别表示在 1%、5% 和 10% 的水平上显著；所有回归都运用 probit 模型，为了结果的稳健性，都采用稳健标准差的回归结果。括号中的值为对应标准误。

表 6-5 独居与共居家庭结构对家庭负债程度影响的回归结果

变量	总负债资产比	银行贷款资产比	借款资产比	房产负债资产比	其他负债资产比
与父母同住	0.0457 (0.0346)	-0.000372 (0.000419)	0.113* (0.0605)	0.0333 (0.0358)	0.0706 (0.0592)
与子女同住	0.0209 (0.0130)	-6.30e-05 (0.000161)	0.0490** (0.0234)	-0.00311 (0.0120)	0.0670** (0.0265)
三代同堂	0.0105 (0.0247)	-9.93e-05 (0.000400)	0.0382 (0.0451)	-0.0357 (0.0240)	0.0962** (0.0447)
风险态度	-0.0152** (0.00656)	-0.000297*** (9.49e-05)	-0.0202* (0.0119)	-0.0133* (0.00680)	-0.0204* (0.0111)
受教育程度	0.000165 (0.00671)	0.000296*** (0.000101)	-0.0190 (0.0120)	0.0116* (0.00649)	-0.0216* (0.0117)
性别	0.0152 (0.0111)	-0.000142 (0.000150)	0.0293 (0.0195)	0.0126 (0.0107)	0.0139 (0.0183)
2008 年家庭年收入	0.00716** (0.00342)	0.000398*** (7.70e-05)	-0.0128* (0.00730)	0.0211*** (0.00565)	-0.0188** (0.00846)
2008 年家庭年收入^2	-0.000140 (0.000134)	-1.73e-05*** (6.10e-06)	0.000409* (0.000245)	-0.000753* (0.000422)	0.000552** (0.000249)
年龄	-0.00971 (0.0280)	-0.000757* (0.000410)	0.0388 (0.0516)	-0.0281 (0.0276)	0.0636 (0.0526)
年龄^2	-0.00160 (0.00276)	3.65e-05 (4.17e-05)	-0.00619 (0.00495)	-0.000589 (0.00275)	-0.00596 (0.00486)
金融资产占比	-0.200*** (0.0495)	-0.00355*** (0.000907)	-0.173*** (0.0612)	-0.325*** (0.0722)	-0.0464 (0.0490)
经济形势预期	-0.000657 (0.00573)	-0.000188** (8.93e-05)	0.00555 (0.00983)	-0.00258 (0.00650)	0.00445 (0.00822)
收入水平预期	0.00305 (0.00565)	6.71e-05 (8.76e-05)	0.00239 (0.00965)	0.00209 (0.00566)	0.00207 (0.00887)

续表

变量	总负债资产比	银行贷款资产比	借款资产比	房产负债资产比	其他负债资产比
消费品价格预期	-0.000540	-0.000144*	0.00238	-0.00639	0.00460
	(0.00521)	(7.71e-05)	(0.00895)	(0.00544)	(0.00803)
就业情况预期	0.0128*	5.86e-05	0.0224*	0.00981	0.0117
	(0.00704)	(9.59e-05)	(0.0121)	(0.00716)	(0.0109)
利率预期	0.00931**	0.000117*	0.0119	0.00658	0.00636
	(0.00471)	(6.64e-05)	(0.00808)	(0.00487)	(0.00723)
房产资金占比	0.416**	0.00128***	0.474***	0.107***	0.418**
	(0.183)	(0.000452)	(0.180)	(0.0347)	(0.195)
信任	0.0105	0.000334**	0.00856	0.0154	0.0107
	(0.0116)	(0.000168)	(0.0212)	(0.0125)	(0.0179)
Number of obs	4195	4195	4195	4195	4195
Pseudo R^2	0.1558	-0.1276	0.0892	0.1551	0.137

注：***、**、*分别表示在1%、5%和10%的水平上显著；所有回归都运用tobit模型，为了结果的稳健性，都采用稳健标准差的回归结果。括号中的值为对应标准误。

由表6-4和表6-5可知，与父母同住家庭和与子女同住家庭相比独代居住家庭都更愿意向亲戚朋友借款，并且借款占家庭总资产的比例相对更高。其中，与父母同住家庭的回归系数在10%的程度上显著，与子女同住家庭的回归系数在5%的程度上显著。与子女同住家庭和三代同堂家庭与独代居住家庭相比，由于房产之外原因负债的可能性和负债程度都显著更高，显著程度为1%和5%。回归结果证明，与独代居住家庭相比，与子女同住家庭和三代同堂家庭会为了房产以外原因负债且负债程度也更高，为了研究究竟是哪些原因使这两类共居家庭产生更强的负债意愿，我们把为了教育、资本增值、耐用品消费以及保持健康而进行的负债作为被解释变量进一步分析，回归结果如表6-6所示。

表 6-6 独居与共居家庭结构对家庭其他负债影响的具体原因的回归结果

变量	是否教育负债	是否资本增值负债	是否消费负债	是否健康负债	教育负债资产比	资本负债资产比	消费负债资产比	健康负债资产比
与父母同住	0.0836	0.316	0.184	0.291	0.0656	0.00290	0.00607	0.0102
	(0.400)	(0.338)	(0.316)	(0.446)	(0.229)	(0.00326)	(0.0103)	(0.0141)
与子女同住	0.261*	0.234*	0.190*	0.247**	0.175*	0.00214	0.00670*	0.00879*
	(0.144)	(0.125)	(0.100)	(0.122)	(0.0930)	(0.00136)	(0.00377)	(0.00462)
三代同堂	-0.102	0.317	0.298	0.352	-0.0304	0.00284	0.0148	0.0213
	(0.382)	(0.223)	(0.209)	(0.270)	(0.217)	(0.00218)	(0.00940)	(0.0136)
风险态度	0.0934	-0.261***	-0.0713	0.0363	0.0575	-0.00246**	-0.00259	0.00116
	(0.0884)	(0.0655)	(0.0548)	(0.0775)	(0.0516)	(0.00111)	(0.00184)	(0.00232)
受教育程度	0.0591	-0.147**	-0.0848	-0.123	0.0417	-0.00152*	-0.00364*	-0.00414
	(0.0816)	(0.0651)	(0.0570)	(0.0802)	(0.0527)	(0.000855)	(0.00216)	(0.00271)
性别	-0.0116	-0.0309	0.113	0.431***	-0.0113	6.89e-07	0.00548	0.0146**
	(0.115)	(0.0955)	(0.0861)	(0.130)	(0.0694)	(0.000901)	(0.00334)	(0.00598)
2008 年家庭年收入	-0.144	0.120**	-0.112**	-0.209**	-0.127	0.000815	-0.00371**	-0.00669**
	(0.142)	(0.0558)	(0.0455)	(0.0878)	(0.0900)	(0.000537)	(0.00161)	(0.00324)
2008 年家庭年收入^2	-0.00624	-0.00711	0.00317***	0.00495***	0.00194	-4.60e-05	0.000102**	0.000157**
	(0.0225)	(0.00433)	(0.00108)	(0.00178)	(0.0108)	(3.94e-05)	(4.00e-05)	(6.94e-05)

续表

变量	是否教育负债	是否资本增值负债	是否消费负债	是否健康负债	教育负债资产比	资本负债资产比	消费负债资产比	健康负债资产比
年龄	1.002**	0.0340	-0.0806	0.492*	0.668**	0.000708	-0.00205	0.0177
	(0.455)	(0.269)	(0.224)	(0.298)	(0.302)	(0.00251)	(0.00829)	(0.0111)
年龄^2	-0.0947**	-0.0166	0.0129	-0.0370	-0.0619**	-0.000197	0.000353	-0.00134
	(0.0460)	(0.0260)	(0.0198)	(0.0256)	(0.0297)	(0.000255)	(0.000715)	(0.000914)
金融资产占比	-0.913**	-0.459	0.201	0.148	-0.462*	0.000261	0.0183**	0.0157*
	(0.420)	(0.317)	(0.178)	(0.215)	(0.244)	(0.00309)	(0.00775)	(0.00901)
经济形势预期	0.00521	-0.0355	0.0489	0.0472	0.00468	-0.000245	0.00130	0.00207
	(0.0569)	(0.0524)	(0.0442)	(0.0565)	(0.0311)	(0.000615)	(0.00147)	(0.00187)
收入水平预期	-0.0440	0.00367	0.0122	0.0537	-0.0175	-0.000142	0.00197	0.00279
	(0.0543)	(0.0497)	(0.0445)	(0.0556)	(0.0326)	(0.000459)	(0.00153)	(0.00194)
消费品价格预期	0.106**	-0.0438	-0.0205	0.0213	0.0605**	-0.000322	-0.000777	0.000686
	(0.0490)	(0.0503)	(0.0415)	(0.0513)	(0.0286)	(0.000542)	(0.00146)	(0.00170)
就业情况预期	0.108	0.0716	-0.0182	0.0233	0.0669	0.000896	-9.18e-05	0.00128
	(0.0694)	(0.0631)	(0.0509)	(0.0682)	(0.0448)	(0.000719)	(0.00156)	(0.00210)
利率预期	0.0709	0.0175	0.0223	-0.0123	0.0327	0.000273	0.000665	-0.000537
	(0.0455)	(0.0377)	(0.0359)	(0.0484)	(0.0283)	(0.000363)	(0.00115)	(0.00151)

续表

变量	是否教育负债	是否资本增值负债	是否消费负债	是否健康负债	教育负债资产比	资本负债资产比	消费负债资产比	健康负债资产比
房产资金占比	0.587***	0.127	0.306*	0.316	0.703***	-0.000113	0.0170	0.00846
	(0.170)	(0.203)	(0.178)	(0.209)	(0.225)	(0.00231)	(0.0117)	(0.00661)
信任	0.0509	0.141	0.100	0.130	-0.00447	0.00130	0.00264	0.00268
	(0.143)	(0.101)	(0.0942)	(0.111)	(0.0796)	(0.00107)	(0.00314)	(0.00378)
Number of obs	4195	4195	4195	4195	4195	4195	4195	4195
Pseudo R^2	0.1024	0.0693	0.0367	0.0979	0.1637	2.1149	0.2611	0.3689

注：***、**、*分别表示在1%、5%和10%的水平上显著；被解释变量为是否负债的回归运用probit模型，被解释变量为资产占比的回归运用tobit模型；为了结果的稳健性，两组回归都采用稳健标准差的回归结果。括号中的值为对应标准误。

由回归结果可知，在这三种多代同住的家庭结构中，只有与子女同住家庭与独代居住家庭的负债情况显著不同。除了出于增值目的的负债占总资金比值的回归不显著之外，其他所有负债的回归结果都显著高于独代居住家庭，说明无论是教育培训、资本增值、保持家庭成员健康还是购买耐用消费品，都是子女同住家庭比独代居住家庭更多负债的原因。遗憾的是，与父母同住家庭与三代同堂家庭可能样本数量太少，所有回归结果均不显著，无法得知导致它们其他负债显著不同于同代居住家庭的具体原因。经历三次回归，实证结果均与假设 1c 中的推断一致。

（二）多代同住的三种家庭是否拥有相似的负债情况

与前两章的研究思路一样，在研究了独代居住家庭与代际共居家庭负债情况的不同之后，我们把目光转向三种多代同住的家庭类型，验证在代际共居的三种家庭中，是否存在假设 2c 推测的三代同堂家庭比其他两组家庭负债可能性和负债程度更高的情况。以三代同堂家庭为基准组，将与父母同住家庭和与子女同住家庭的变量加入解释变量 X 中，回归模型与上一部分一致，家庭结构对家庭负债可能性和家庭负债程度影响的回归结果分别如表 6-7 和表 6-8 所示。由回归结果可知，无论是负债倾向还是负债程度的回归，结果均不显著，两代共居家庭与三代共居家庭的负债情况没有显著不同，与假设 2c 不符。

表 6-7 共居家庭结构对家庭负债倾向影响的回归结果

变量	是否负债	是否银行贷款	是否借款	是否房产负债	是否其他负债
与父母同住	0.145	-0.0896	0.200	0.189	0.0307
	(0.158)	(0.200)	(0.184)	(0.180)	(0.231)
与子女同住	-0.0211	-0.0836	0.0139	-0.153	0.137
	(0.124)	(0.155)	(0.140)	(0.136)	(0.151)
风险态度	-0.125***	-0.134***	-0.125***	-0.0807*	-0.158***
	(0.0405)	(0.0487)	(0.0471)	(0.0456)	(0.0538)
受教育程度	0.0140	0.167***	-0.0859*	0.104**	-0.0945*
	(0.0381)	(0.0479)	(0.0451)	(0.0426)	(0.0522)
性别	0.0543	-0.0624	0.0786	0.0894	-0.0155
	(0.0609)	(0.0740)	(0.0705)	(0.0697)	(0.0780)

续表

变量	是否负债	是否银行贷款	是否借款	是否房产负债	是否其他负债
2008 年家庭年收入	0. 0584***	0. 212***	-0. 0524**	0. 138***	-0. 0712**
	(0. 0209)	(0. 0459)	(0. 0266)	(0. 0396)	(0. 0325)
2008 年家庭年收入^2	-0. 00121*	-0. 00837**	0. 00151*	-0. 00414	0. 00207**
	(0. 000714)	(0. 00354)	(0. 000789)	(0. 00304)	(0. 000877)
年龄	-0. 561***	-0. 506**	-0. 333*	-0. 516***	-0. 149
	(0. 162)	(0. 228)	(0. 178)	(0. 180)	(0. 212)
年龄^2	0. 0461***	0. 0357	0. 0300*	0. 0334*	0. 0196
	(0. 0155)	(0. 0231)	(0. 0167)	(0. 0174)	(0. 0196)
金融资产占比	-1. 110***	-2. 515***	-0. 543**	-2. 124***	-0. 226
	(0. 234)	(0. 601)	(0. 215)	(0. 452)	(0. 212)
经济形势预期	-0. 0243	-0. 101**	0. 0148	-0. 0320	-0. 00510
	(0. 0335)	(0. 0440)	(0. 0380)	(0. 0387)	(0. 0427)
收入水平预期	0. 00343	0. 0322	-0. 0153	-0. 00401	0. 0152
	(0. 0335)	(0. 0431)	(0. 0382)	(0. 0394)	(0. 0413)
消费品价格预期	-0. 0226	-0. 0872**	-0. 00556	-0. 0494	0. 00371
	(0. 0308)	(0. 0404)	(0. 0343)	(0. 0357)	(0. 0385)
就业情况预期	0. 0760**	0. 0541	0. 0638	0. 0652	0. 0640
	(0. 0387)	(0. 0493)	(0. 0441)	(0. 0447)	(0. 0503)
利率预期	0. 0370	0. 0149	0. 0362	0. 00838	0. 0447
	(0. 0260)	(0. 0331)	(0. 0300)	(0. 0303)	(0. 0330)
房产资金占比	0. 847**	0. 640***	0. 667**	0. 490***	0. 646**
	(0. 373)	(0. 169)	(0. 278)	(0. 153)	(0. 270)
信任	0. 142**	0. 140	0. 0996	0. 158**	0. 0769
	(0. 0695)	(0. 0856)	(0. 0809)	(0. 0801)	(0. 0919)
Number of obs	2701	2701	2701	2701	2701
Pseudo R^2	0. 0456	0. 1328	0. 0264	0. 0991	0. 0326

注：***、**、*分别表示在 1%、5% 和 10% 的水平上显著；所有回归都运用 probit 模型，为了结果的稳健性，都采用稳健标准差的回归结果。括号中的值为对应标准误。

表 6-8　共居家庭结构对家庭负债程度影响的回归结果

变量	总负债资产比	银行贷款资产比	借款资产比	房产负债资产比	其他负债资产比
与父母同住	0. 166 (0. 195)	-0. 00598 (0. 245)	0. 186 (0. 225)	0. 341 (0. 218)	0. 0307 (0. 231)
与子女同住	0. 0211 (0. 124)	0. 0836 (0. 155)	-0. 0139 (0. 140)	0. 153 (0. 136)	0. 137 (0. 151)
风险态度	-0. 125 *** (0. 0405)	-0. 134 *** (0. 0487)	-0. 125 *** (0. 0471)	-0. 0807 * (0. 0456)	-0. 158 *** (0. 0538)
受教育程度	0. 0140 (0. 0381)	0. 167 *** (0. 0479)	-0. 0859 * (0. 0451)	0. 104 ** (0. 0426)	-0. 0945 * (0. 0522)
性别	0. 0543 (0. 0609)	-0. 0624 (0. 0740)	0. 0786 (0. 0705)	0. 0894 (0. 0697)	-0. 0155 (0. 0780)
2008 年家庭年收入	0. 0584 *** (0. 0209)	0. 212 *** (0. 0459)	-0. 0524 ** (0. 0266)	0. 138 *** (0. 0396)	-0. 0712 ** (0. 0325)
2008 年家庭年收入^2	-0. 00121 * (0. 000714)	-0. 00837 ** (0. 00354)	0. 00151 * (0. 000789)	-0. 00414 (0. 00304)	0. 00207 ** (0. 000877)
年龄	-0. 561 *** (0. 162)	-0. 506 ** (0. 228)	-0. 333 * (0. 178)	-0. 516 *** (0. 180)	-0. 149 (0. 212)
年龄^2	0. 0461 *** (0. 0155)	0. 0357 (0. 0231)	0. 0300 * (0. 0167)	0. 0334 * (0. 0174)	0. 0196 (0. 0196)
金融资产占比	-1. 110 *** (0. 234)	-2. 515 *** (0. 601)	-0. 543 ** (0. 215)	-2. 124 *** (0. 452)	-0. 226 (0. 212)
经济形势预期	-0. 0243 (0. 0335)	-0. 101 ** (0. 0440)	0. 0148 (0. 0380)	-0. 0320 (0. 0387)	-0. 00510 (0. 0427)
收入水平预期	0. 00343 (0. 0335)	0. 0322 (0. 0431)	-0. 0153 (0. 0382)	-0. 00401 (0. 0394)	0. 0152 (0. 0413)
消费品价格预期	-0. 0226 (0. 0308)	-0. 0872 ** (0. 0404)	-0. 00556 (0. 0343)	-0. 0494 (0. 0357)	0. 00371 (0. 0385)

续表

变量	总负债资产比	银行贷款资产比	借款资产比	房产负债资产比	其他负债资产比
就业情况预期	0.0760**	0.0541	0.0638	0.0652	0.0640
	(0.0387)	(0.0493)	(0.0441)	(0.0447)	(0.0503)
利率预期	0.0370	0.0149	0.0362	0.00838	0.0447
	(0.0260)	(0.0331)	(0.0300)	(0.0303)	(0.0330)
房产资金占比	0.847**	0.640***	0.667**	0.490***	0.646**
	(0.373)	(0.169)	(0.278)	(0.153)	(0.270)
信任	0.142**	0.140	0.0996	0.158**	0.0769
	(0.0695)	(0.0856)	(0.0809)	(0.0801)	(0.0919)
Number of obs	2701	2701	2701	2701	2701
Pseudo R^2	0.0456	0.1328	0.0264	0.0991	0.0326

注：***、**、*分别表示在1%、5%和10%的水平上显著；所有回归都运用tobit模型，为了结果的稳健性，都采用稳健标准差的回归结果。括号中的值为对应标准误。

(三) 与父母同住家庭和与子女同住家庭的负债情况是否一致

在研究了三种代际共居家庭的负债情况之后，我们开始验证同样是两代共居家庭的与父母同住家庭和与子女同住家庭间负债情况的差异，研究对应假设3c。研究思路和模型与前文相同，依然是两组回归，回归方程分别对应式（6.1）和式（6.2），分别进行家庭结构对家庭负债可能性和家庭负债程度的影响研究。在这部分分析中，只保留与父母同住和与子女同住两类家庭，以数量比例更大的与子女同住家庭为基准组，把代表与父母同住家庭的变量加入解释变量X中，分别进行probit回归和tobit回归，回归结果如表6-9和表6-10所示。由表6-9和表6-10可知，无论是负债倾向还是负债程度的回归，结果均不显著，在两代共居家庭间，与父母同住家庭和与子女同住家庭的负债情况并没有显著差异，与假设3c对两种家庭结构总负债情况相差无几的推断相符。

表 6-9　两代共居家庭结构对家庭负债倾向影响的回归结果

变量	是否负债	是否银行贷款	是否借款	是否房产负债	是否其他负债
与父母同住	0. 144 (0. 160)	−0. 102 (0. 204)	0. 208 (0. 184)	0. 185 (0. 181)	0. 0260 (0. 232)
风险态度	−0. 128*** (0. 0421)	−0. 125** (0. 0507)	−0. 141*** (0. 0488)	−0. 0861* (0. 0471)	−0. 150*** (0. 0560)
受教育程度	0. 0275 (0. 0397)	0. 188*** (0. 0507)	−0. 0806* (0. 0467)	0. 117*** (0. 0440)	−0. 0906* (0. 0545)
性别	0. 0447 (0. 0631)	−0. 0624 (0. 0771)	0. 0606 (0. 0729)	0. 0761 (0. 0718)	−0. 0128 (0. 0811)
2008 年家庭年收入	0. 0661*** (0. 0219)	0. 237*** (0. 0480)	−0. 0509* (0. 0274)	0. 150*** (0. 0414)	−0. 0666** (0. 0334)
2008 年家庭年收入^2	−0. 00155* (0. 000800)	−0. 00992*** (0. 00382)	0. 00148* (0. 000798)	−0. 00500 (0. 00321)	0. 00196** (0. 000884)
年龄	−0. 512*** (0. 165)	−0. 397* (0. 227)	−0. 280 (0. 184)	−0. 512*** (0. 185)	−0. 0971 (0. 223)
年龄^2	0. 0406** (0. 0158)	0. 0220 (0. 0224)	0. 0257 (0. 0172)	0. 0330* (0. 0178)	0. 0139 (0. 0206)
金融资产占比	−1. 285*** (0. 263)	−2. 659*** (0. 656)	−0. 702*** (0. 240)	−2. 050*** (0. 453)	−0. 417* (0. 241)
经济形势预期	−0. 00980 (0. 0351)	−0. 0911* (0. 0468)	0. 0250 (0. 0397)	−0. 0205 (0. 0405)	0. 0109 (0. 0443)
收入水平预期	−0. 00903 (0. 0352)	0. 0310 (0. 0454)	−0. 0334 (0. 0404)	−0. 00874 (0. 0410)	−0. 00734 (0. 0436)
消费品价格预期	−0. 0459 (0. 0317)	−0. 103** (0. 0422)	−0. 0210 (0. 0356)	−0. 0673* (0. 0368)	−0. 00811 (0. 0401)
就业情况预期	0. 0699* (0. 0402)	0. 0479 (0. 0516)	0. 0625 (0. 0454)	0. 0661 (0. 0463)	0. 0617 (0. 0517)
利率预期	0. 0359 (0. 0270)	0. 0134 (0. 0339)	0. 0350 (0. 0314)	−0. 000658 (0. 0312)	0. 0513 (0. 0345)

续表

变量	是否负债	是否银行贷款	是否借款	是否房产负债	是否其他负债
房产资金占比	0.893**	0.643***	0.726**	0.455***	0.712**
	(0.385)	(0.170)	(0.301)	(0.149)	(0.297)
信任	0.153**	0.169*	0.0832	0.188**	0.0495
	(0.0718)	(0.0881)	(0.0843)	(0.0819)	(0.0960)
Number of obs	2537	2537	2537	2537	2537
Pseudo R^2	0.0528	0.146	0.0289	0.102	0.0322

注：***、**、*分别表示在 1%、5% 和 10% 的水平上显著；所有回归都运用 probit 模型，为了结果的稳健性，都采用稳健标准差的回归结果。括号中的值为对应标准误。

表 6-10　两代共居家庭结构对家庭负债程度影响的回归结果

变量	总负债资产比	银行贷款资产比	借款资产比	房产负债资产比	其他负债资产比
与父母同住	0.0184	-0.000312	0.0597	0.0351	-0.00388
	(0.0349)	(0.000417)	(0.0583)	(0.0327)	(0.0584)
风险态度	-0.0246***	-0.000255**	-0.0427***	-0.0195**	-0.0317**
	(0.00850)	(0.000112)	(0.0152)	(0.00860)	(0.0144)
受教育程度	0.00508	0.000410***	-0.0176	0.0143*	-0.0166
	(0.00857)	(0.000135)	(0.0147)	(0.00778)	(0.0140)
性别	0.0154	-0.000128	0.0264	0.0197	-0.00209
	(0.0141)	(0.000185)	(0.0241)	(0.0132)	(0.0223)
2008 年家庭年收入	0.00362	0.000372***	-0.0210**	0.0150***	-0.0207**
	(0.00411)	(9.05e-05)	(0.00906)	(0.00494)	(0.00976)
2008 年家庭年收入^2	-8.89e-05	-1.54e-05**	0.000553**	-0.000427	0.000569**
	(0.000146)	(6.97e-06)	(0.000265)	(0.000302)	(0.000265)
年龄	-0.0672**	-0.000677	-0.0624	-0.0681**	0.00370
	(0.0327)	(0.000508)	(0.0563)	(0.0340)	(0.0526)
年龄^2	0.00520*	2.77e-05	0.00574	0.00405	0.00112
	(0.00313)	(5.01e-05)	(0.00528)	(0.00328)	(0.00486)

续表

变量	总负债资产比	银行贷款资产比	借款资产比	房产负债资产比	其他负债资产比
金融资产占比	-0.201*** (0.0623)	-0.00328*** (0.00123)	-0.187** (0.0801)	-0.242*** (0.0764)	-0.109 (0.0701)
经济形势预期	0.00297 (0.00705)	-0.000200 (0.000125)	0.0117 (0.0119)	0.000603 (0.00767)	0.00609 (0.0100)
收入水平预期	-0.00762 (0.00757)	4.14e-05 (0.000120)	-0.0156 (0.0129)	-0.00653 (0.00718)	-0.00475 (0.0115)
消费品价格预期	-0.00511 (0.00646)	-0.000175* (9.61e-05)	-0.00379 (0.0110)	-0.00885 (0.00641)	-0.000317 (0.00992)
就业情况预期	0.0151 (0.00947)	7.61e-05 (0.000127)	0.0215 (0.0157)	0.00711 (0.00898)	0.0243 (0.0148)
利率预期	0.00595 (0.00600)	7.12e-05 (8.26e-05)	0.00861 (0.0102)	0.00298 (0.00591)	0.00613 (0.00888)
房产资金占比	0.522** (0.207)	0.00100*** (0.000342)	0.569*** (0.203)	0.0470** (0.0232)	0.544*** (0.207)
信任	0.0213 (0.0143)	0.000435* (0.000223)	0.0193 (0.0255)	0.0315** (0.0153)	0.000287 (0.0221)
Number of obs	2537	2537	2537	2537	2537
Pseudo R^2	0.1798	-0.1051	0.1083	0.1127	0.191

注：***、**、*分别表示在1%、5%和10%的水平上显著；所有回归都运用tobit模型，为了结果的稳健性，都采用稳健标准差的回归结果。括号中的值为对应标准误。

(四) 与子女同住家庭的负债情况回归分析

1. 子女婚姻状态对家庭负债会有影响吗

子女婚姻状态会影响家庭的储蓄情况，这在很多文献中都有说明，本书通过前两章的研究也证明了这一点，并且发现子女婚姻状态除了会影响家庭储蓄情况，还会影响家庭的风险资产投资情况，子女婚姻状态对家庭金融行为确实有重要影响。那么究竟子女婚姻状态是否同样会对家庭负债产生影响，又具体会产生怎样的影响是我们在这部分将要研究的问题，研究对应假设 4c。为了使分析结果更准确可信，受数据的限制本文只保留独生子女家庭的样本进行分析。被解释变量与前文相同，回归模型的设定也完全一致，模型方程参照式（6.1）和式（6.2），两组回归结果分别如表 6-11 和表 6-12 所示。

表 6-11　与子女同住的家庭结构分类—对于负债倾向的回归结果

变量	是否负债	是否银行贷款	是否借款	是否房产负债	是否其他负债
未婚独生子女家庭	-0.233 (0.144)	0.0281 (0.189)	-0.499*** (0.169)	-0.323* (0.181)	-0.368** (0.183)
风险态度	-0.0864 (0.0746)	-0.150 (0.0987)	-0.0633 (0.0893)	-0.0522 (0.0946)	-0.137 (0.0922)
受教育程度	0.0787 (0.0682)	0.146* (0.0828)	0.0471 (0.0864)	0.0888 (0.0804)	0.126 (0.0906)
性别	0.0254 (0.103)	-0.133 (0.138)	0.133 (0.122)	-0.0650 (0.123)	0.108 (0.131)
2008 年家庭年收入	-0.0838 (0.0576)	0.205*** (0.0744)	-0.271*** (0.0718)	0.115* (0.0658)	-0.381*** (0.0783)
2008 年家庭年收入^2	0.00598 (0.00384)	-0.00796 (0.00546)	0.0165*** (0.00398)	-0.00347 (0.00459)	0.0213*** (0.00411)
年龄	1.018* (0.573)	0.506 (0.852)	1.431** (0.714)	0.788 (0.758)	1.564** (0.715)
年龄^2	-0.0886* (0.0482)	-0.0473 (0.0739)	-0.124** (0.0593)	-0.0863 (0.0647)	-0.123** (0.0603)
金融资产占比	-1.640*** (0.547)	-6.139*** (1.231)	-0.876** (0.442)	-3.887*** (0.944)	-0.618 (0.391)
经济形势预期	-0.0507 (0.0579)	-0.198** (0.0887)	0.0392 (0.0640)	-0.0488 (0.0736)	-0.0148 (0.0696)
收入水平预期	-0.0332 (0.0584)	-0.0458 (0.0843)	-0.0279 (0.0661)	-0.108 (0.0758)	0.0429 (0.0723)

续表

变量	是否负债	是否银行贷款	是否借款	是否房产负债	是否其他负债
消费品价格预期	-0.0392 (0.0541)	-0.0661 (0.0800)	-0.0285 (0.0597)	-0.0848 (0.0739)	0.0139 (0.0631)
就业情况预期	0.0515 (0.0647)	0.118 (0.0840)	0.0178 (0.0737)	0.0890 (0.0772)	-0.0159 (0.0806)
利率预期	0.0412 (0.0445)	0.00660 (0.0611)	0.0119 (0.0514)	-0.0138 (0.0571)	0.0715 (0.0558)
房产资金占比	0.673*** (0.198)	1.179*** (0.277)	0.568*** (0.175)	0.701*** (0.231)	0.567*** (0.170)
信任	0.0609 (0.116)	0.0590 (0.152)	0.0564 (0.144)	0.0588 (0.147)	-0.00840 (0.142)
Number of obs	1108	1108	1108	1108	1108
Pseudo R^2	0.053	0.184	0.072	0.120	0.089

注：***、**、*分别表示在1%、5%和10%的水平上显著；所有回归都运用probit模型，为了结果的稳健性，都采用稳健标准差的回归结果。括号中的值为对应标准误。

表6-12　与子女同住的家庭结构分类一对于负债程度的回归结果

变量	总负债资产比	银行贷款资产比	借款资产比	房产负债资产比	其他负债资产比
未婚独生子女家庭	-0.0598 (0.0364)	9.70e-05 (0.000205)	-0.161** (0.0670)	-0.323* (0.181)	-0.368** (0.183)
风险态度	-0.0208 (0.0180)	-0.000186* (0.000110)	-0.0232 (0.0311)	-0.0522 (0.0946)	-0.137 (0.0922)
受教育程度	0.0234 (0.0218)	0.000162* (8.89e-05)	0.0243 (0.0361)	0.0888 (0.0804)	0.126 (0.0906)
性别	0.00816 (0.0295)	-0.000106 (0.000152)	0.0430 (0.0474)	-0.0650 (0.123)	0.108 (0.131)
2008年家庭年收入	-0.0267 (0.0180)	0.000205*** (7.85e-05)	-0.0888** (0.0378)	0.115* (0.0658)	-0.381*** (0.0783)

续表

变量	总负债资产比	银行贷款资产比	借款资产比	房产负债资产比	其他负债资产比
2008 年家庭年收入^2	0.00154 (0.00105)	-8.28e-06 (5.75e-06)	0.00477** (0.00203)	-0.00347 (0.00459)	0.0213*** (0.00411)
年龄	0.275* (0.166)	0.000494 (0.000988)	0.532* (0.299)	0.788 (0.758)	1.564** (0.715)
年龄^2	-0.0242* (0.0141)	-4.82e-05 (8.55e-05)	-0.0467* (0.0251)	-0.0863 (0.0647)	-0.123** (0.0603)
金融资产占比	-0.311** (0.156)	-0.00653*** (0.00129)	-0.239 (0.173)	-3.887*** (0.944)	-0.618 (0.391)
经济形势预期	-0.00668 (0.0136)	-0.000258** (0.000106)	0.0149 (0.0213)	-0.0488 (0.0736)	-0.0148 (0.0696)
收入水平预期	-0.00481 (0.0156)	-6.09e-05 (9.19e-05)	-0.00668 (0.0247)	-0.108 (0.0758)	0.0429 (0.0723)
消费品价格预期	-0.00236 (0.0138)	-4.85e-05 (9.11e-05)	-0.00302 (0.0221)	-0.0848 (0.0739)	0.0139 (0.0631)
就业情况预期	0.0251 (0.0192)	0.000171* (9.96e-05)	0.0282 (0.0302)	0.0890 (0.0772)	-0.0159 (0.0806)
利率预期	0.00463 (0.0118)	1.97e-05 (6.92e-05)	-0.00184 (0.0187)	-0.0138 (0.0571)	0.0715 (0.0558)
房产资金占比	0.609*** (0.215)	0.00130*** (0.000305)	0.643*** (0.208)	0.701*** (0.231)	0.567*** (0.170)
信任	0.00209 (0.0268)	6.38e-05 (0.000169)	0.00194 (0.0479)	0.0588 (0.147)	-0.00840 (0.142)
Number of obs	1108	1108	1108	1108	1108
Pseudo R^2	0.2254	-0.2279	0.1945	0.1196	0.0894

注：***、**、*分别表示在 1%、5% 和 10% 的水平上显著；所有回归都运用 tobit 模型，为了结果的稳健性，都采用稳健标准差的回归结果。括号中的值为对应标准误。

由表6-11和表6-12可知，已婚独生子女家庭相比未婚独生子女家庭更倾向于向亲戚朋友借款且负债总资产比也更高，分别在1%和5%的程度上显著。借款原因中，最显著的是购置房产，房产购置在10%的程度上影响家庭负债选择和家庭负债比率。除了房产，其他原因包括教育、资本增值、消费及健康也显著地促进了已婚独生子女家庭的负债水平，在5%的程度上影响家庭负债选择和家庭负债程度。经过对其他负债原因进一步的分类研究，由表6-13可知，造成未婚独生子女家庭和已婚独生子女家庭其他负债情况不同的主要原因是家庭对资本增值的不同要求。已婚独生子女家庭相比未婚独生子女家庭，出于财富增长意愿的负债可能性和负债程度都显著高于未婚独生子女家庭，显著程度均为5%。综合表6-11、表6-12和表6-13的回归结果，我们发现，已婚独生子女家庭比未婚独生子女家庭出于房产购置原因负债的动力更强，且负债程度也更深，与假设4c推测一致。近年来，随着我国经济快速腾飞，我国房价和物价也在一直上升，尤其是房价的上涨，使家庭购置房产的消费比重日益上升，尤其是子女即将结婚时，为子女置办新房和结婚彩礼等费用会成为很多家庭的“不可承受之重”，为此贷款的家庭比重甚多，这在中国家庭金融调查中也有体现。由于子女买房和结婚需要的资金量较大，故已婚独生子女家庭的房产债务显著高于未婚独生子女家庭，家庭财务状态也更加紧张，家庭希望资本增值的愿望也更加强烈，已婚独生子女家庭出于资本增值愿望负债的可能性更高、负债程度也更高。

2. 子女性别不同会影响家庭负债情况吗

上一小节的研究表明，子女婚姻状态确实是影响家庭负债的重要因素，那么子女性别是否也同样会影响家庭负债呢？延续本书对与子女同住家庭的分类方法，本小节继续研究独生子家庭与独生女家庭的负债情况，对应假设5c。被解释变量及对应回归模型与前文一致，体现家庭结构的解释变量为独生子女家庭（独生子家庭为1，独生女家庭为2），回归结果如表6-14和表6-15所示。

表 6-13　与子女同住的家庭结构分类—对于其他负债分类分析的回归结果

变量	是否教育负债	是否资本增值负债	是否消费负债	是否健康负债	教育负债资产比	资本负债资产比	消费负债资产比	健康负债资产比
未婚独生子女家庭	-0.174	-0.650**	-0.157	0.00504	-0.138	-0.00201**	-0.000307	0.000157
	(0.300)	(0.324)	(0.213)	(0.219)	(0.236)	(0.00102)	(0.00179)	(0.00144)
风险态度	0.113	-0.557***	-0.0698	-0.0474	0.0893	-0.00147***	-0.00112	-0.000479
	(0.141)	(0.175)	(0.105)	(0.147)	(0.104)	(0.000425)	(0.00115)	(0.000978)
受教育程度	0.136	0.437**	0.00170	-0.473**	0.127	0.00130**	-0.000256	-0.00312**
	(0.119)	(0.184)	(0.111)	(0.201)	(0.117)	(0.000616)	(0.000939)	(0.00140)
性别	0.167	-0.0833	0.181	0.320	0.125	-0.000317	0.00189	0.00198
	(0.189)	(0.231)	(0.164)	(0.236)	(0.153)	(0.000660)	(0.00169)	(0.00154)
2008 年家庭年收入	-0.121	0.206	-0.382***	-0.489***	-0.203	0.000377	-0.00323***	-0.00327***
	(0.356)	(0.372)	(0.0995)	(0.173)	(0.279)	(0.00112)	(0.00124)	(0.00120)
2008 年家庭年收入^2	-0.0265	-0.0627	0.0235***	0.0307***	-0.00439	-0.000160	0.000194***	0.000203***
	(0.0558)	(0.0516)	(0.00496)	(0.00829)	(0.0371)	(0.000152)	(7.01e-05)	(6.03e-05)
年龄	-0.222	6.907***	1.211*	0.999	0.144	0.0214**	0.0118	0.00628
	(0.792)	(2.392)	(0.696)	(0.853)	(0.684)	(0.00871)	(0.00752)	(0.00540)
年龄^2	0.00956	-0.590***	-0.0862	-0.0746	-0.0198	-0.00183**	-0.000823	-0.000458
	(0.0688)	(0.200)	(0.0573)	(0.0705)	(0.0611)	(0.000735)	(0.000570)	(0.000442)
金融资产占比	-0.582	-1.819***	-0.409	-0.455	-0.264	-0.00536***	0.00101	-0.00165
	(0.561)	(0.547)	(0.470)	(0.571)	(0.439)	(0.00186)	(0.00416)	(0.00364)

续表

变量	是否教育负债	是否资本增值负债	是否消费负债	是否健康负债	教育负债资产比	资本负债资产比	消费负债资产比	健康负债资产比
经济形势预期	0.0631	-0.0921	-0.0574	-0.00224	0.0543	-0.000274	-0.000602	-0.000196
	(0.0945)	(0.112)	(0.0853)	(0.0909)	(0.0676)	(0.000315)	(0.000724)	(0.000612)
收入水平预期	-0.0302	0.108	0.0340	-0.0101	-0.00743	0.000153	0.000480	-0.000290
	(0.0846)	(0.121)	(0.0943)	(0.119)	(0.0666)	(0.000297)	(0.000868)	(0.000701)
消费品价格预期	0.0591	-0.170	0.0153	0.0684	0.0503	-0.000566	-1.29e-05	0.000419
	(0.0880)	(0.124)	(0.0789)	(0.0956)	(0.0677)	(0.000387)	(0.000707)	(0.000625)
就业情况预期	0.129	0.218*	-0.126	-0.0193	0.135	0.000683*	-0.000891	9.31e-05
	(0.128)	(0.132)	(0.0933)	(0.131)	(0.113)	(0.000412)	(0.000819)	(0.000832)
利率预期	0.176*	-0.0947	0.0360	-0.0502	0.106	-0.000230	0.000406	-0.000226
	(0.0903)	(0.0775)	(0.0698)	(0.0908)	(0.0730)	(0.000206)	(0.000592)	(0.000559)
房产资金占比	0.631***	-47.42	-0.401	-32.72	0.875***	-0.137	-0.0246	-0.210
	(0.205)	(39.35)	(1.298)	(26.67)	(0.217)	(0.116)	(0.0233)	(0.178)
信任	0.216	0.112	-0.145	0.226	0.104	0.000431	-0.000488	0.00140
	(0.240)	(0.194)	(0.178)	(0.193)	(0.161)	(0.000596)	(0.00146)	(0.00117)
Number of obs	1108	1108	1108	1108	1108	1108	1108	1108
Pseudo R^2	0.1692	0.2315	0.0906	0.1772	0.2522	-2.8255	-1.3772	3.545

注：***、**、*分别表示在1%、5%和10%的水平上显著；被解释变量为是否负债的回归运用probit模型，被解释变量为资产占比的回归运用tobit模型；为了结果的稳健性，两组回归都采用稳健标准差的回归结果。括号中的值为对应标准误。

表 6-14 与子女同住的家庭结构分类二对于负债倾向的回归结果

变量	是否负债	是否银行贷款	是否借款	是否房产负债	是否其他负债
独生子家庭	0. 234**	0. 108	0. 129	0. 390***	0. 0956
	(0. 106)	(0. 138)	(0. 121)	(0. 131)	(0. 129)
风险态度	-0. 0867	-0. 148	-0. 0662	-0. 0507	-0. 147
	(0. 0751)	(0. 0997)	(0. 0867)	(0. 0977)	(0. 0918)
受教育程度	0. 0764	0. 149*	0. 0306	0. 0860	0. 109
	(0. 0675)	(0. 0816)	(0. 0849)	(0. 0799)	(0. 0897)
性别	0. 0282	-0. 125	0. 112	-0. 0534	0. 0931
	(0. 104)	(0. 137)	(0. 122)	(0. 124)	(0. 130)
2008 年家庭年收入	-0. 0786	0. 203***	-0. 241***	0. 126*	-0. 359***
	(0. 0575)	(0. 0735)	(0. 0696)	(0. 0657)	(0. 0755)
2008 年家庭年收入^2	0. 00586	-0. 00781	0. 0150***	-0. 00373	0. 0203***
	(0. 00386)	(0. 00539)	(0. 00395)	(0. 00464)	(0. 00407)
年龄	0. 992*	0. 460	1. 500**	0. 721	1. 592**
	(0. 558)	(0. 840)	(0. 681)	(0. 715)	(0. 683)
年龄^2	-0. 0817*	-0. 0445	-0. 118**	-0. 0738	-0. 117**
	(0. 0469)	(0. 0729)	(0. 0561)	(0. 0608)	(0. 0574)
金融资产占比	-1. 643***	-6. 054***	-0. 929**	-3. 817***	-0. 642*
	(0. 541)	(1. 225)	(0. 447)	(0. 939)	(0. 390)
经济形势预期	-0. 0506	-0. 199**	0. 0369	-0. 0460	-0. 0127
	(0. 0577)	(0. 0885)	(0. 0637)	(0. 0740)	(0. 0692)
收入水平预期	-0. 0297	-0. 0444	-0. 0229	-0. 104	0. 0456
	(0. 0585)	(0. 0847)	(0. 0650)	(0. 0764)	(0. 0713)
消费品价格预期	-0. 0342	-0. 0645	-0. 0236	-0. 0769	0. 0171
	(0. 0538)	(0. 0800)	(0. 0588)	(0. 0737)	(0. 0622)
就业情况预期	0. 0620	0. 125	0. 0195	0. 113	-0. 0170
	(0. 0657)	(0. 0847)	(0. 0747)	(0. 0798)	(0. 0812)
利率预期	0. 0360	0. 00448	0. 00884	-0. 0269	0. 0679
	(0. 0445)	(0. 0612)	(0. 0512)	(0. 0575)	(0. 0554)

续表

变量	是否负债	是否银行贷款	是否借款	是否房产负债	是否其他负债
房产资金占比	0.676***	1.154***	0.581***	0.655***	0.573***
	(0.189)	(0.274)	(0.170)	(0.234)	(0.165)
信任	0.0518	0.0592	0.0451	0.0457	-0.0192
	(0.116)	(0.152)	(0.141)	(0.147)	(0.141)
Number of obs	1108	1108	1108	1108	1108
Pseudo R^2	0.056	0.185	0.058	0.128	0.082

注：***、**、*分别表示在1%、5%和10%的水平上显著；所有回归都运用probit模型，为了结果的稳健性，都采用稳健标准差的回归结果。括号中的值为对应标准误。

表6-15　与子女同住的家庭结构分类二对于负债程度的回归结果

变量	总负债资产比	银行贷款资产比	借款资产比	房产负债资产比	其他负债资产比
独生子家庭	0.0565*	0.000112	0.0464	0.0429***	0.0353
	(0.0320)	(0.000157)	(0.0460)	(0.0164)	(0.0493)
风险态度	-0.0215	-0.000185*	-0.0240	-0.00914	-0.0460
	(0.0179)	(0.000111)	(0.0300)	(0.0112)	(0.0314)
受教育程度	0.0231	0.000168*	0.0202	0.0117	0.0445
	(0.0214)	(8.83e-05)	(0.0351)	(0.0102)	(0.0401)
性别	0.00891	-9.76e-05	0.0361	-0.000498	0.0308
	(0.0301)	(0.000151)	(0.0474)	(0.0142)	(0.0507)
2008年家庭年收入	-0.0253	0.000201***	-0.0813**	0.0103	-0.124**
	(0.0177)	(7.72e-05)	(0.0360)	(0.00729)	(0.0490)
2008年家庭年收入^2	0.00152	-8.13e-06	0.00455**	-0.000266	0.00637**
	(0.00105)	(5.62e-06)	(0.00196)	(0.000467)	(0.00256)
年龄	0.263*	0.000440	0.550*	0.0897	0.583**
	(0.159)	(0.000986)	(0.289)	(0.0912)	(0.292)
年龄^2	-0.0220	-4.65e-05	-0.0444*	-0.00893	-0.0438*
	(0.0134)	(8.55e-05)	(0.0238)	(0.00770)	(0.0239)

续表

变量	总负债资产比	银行贷款资产比	借款资产比	房产负债资产比	其他负债资产比
金融资产占比	-0.312**	-0.00645***	-0.260	-0.402***	-0.154
	(0.153)	(0.00130)	(0.174)	(0.111)	(0.157)
经济形势预期	-0.00638	-0.000260**	0.0145	-0.00328	0.00113
	(0.0135)	(0.000106)	(0.0213)	(0.00885)	(0.0219)
收入水平预期	-0.00400	-5.97e-05	-0.00521	-0.0109	0.0179
	(0.0158)	(9.27e-05)	(0.0245)	(0.00924)	(0.0260)
消费品价格预期	-0.00105	-4.78e-05	-0.00176	-0.00539	0.0112
	(0.0137)	(9.08e-05)	(0.0219)	(0.00816)	(0.0221)
就业情况预期	0.0275	0.000179*	0.0277	0.0137	0.0153
	(0.0196)	(0.000100)	(0.0302)	(0.00905)	(0.0306)
利率预期	0.00339	1.76e-05	-0.00287	-0.00384	0.0167
	(0.0119)	(6.98e-05)	(0.0188)	(0.00656)	(0.0206)
房产资金占比	0.609***	0.00128***	0.648***	0.0625**	0.644***
	(0.211)	(0.000305)	(0.203)	(0.0270)	(0.202)
信任	-2.03e-05	6.46e-05	0.000143	0.00269	-0.0236
	(0.0267)	(0.000170)	(0.0469)	(0.0175)	(0.0458)
Number of obs	1108	1108	1108	1108	1108
Pseudo R^2	0.2281	-0.2286	0.1822	0.2334	0.2308

注：***、**、*分别表示在1%、5%和10%的水平上显著；所有回归都运用tobit模型，为了结果的稳健性，都采用稳健标准差的回归结果。括号中的值为对应标准误。

由回归结果可知，子女性别确实会对家庭负债产生不同影响，独生子家庭更可能因为购置房产而负债，无论是负债意愿和负债程度都比独生女家庭更强，且两者都在1%的程度上显著。除此之外，独生子家庭的总体负债情况也与独生女家庭显著不同，无论是负债可能还是负债程度都显著高于独生女家庭，显著程度分别为5%和10%。虽然其他回归都不显著，但在我们的样本中可以观察到，独生子家庭的所有负债变量无论是负债意愿还是负债程度都高于独生女家庭，与假设5c推断一致。这些回归结论全都指向了男性子孙与女性子孙对我国家庭经济决策不同的影响。作为传统东方国家，我国男女性别地位差距依然较大，虽然都是独生子女家庭，但男性子女与女性子女相比会获得更多的经济支持。尤其是在房屋的购置考虑上，为男性子孙准备新房依然是大多数中国人的观念。

3. 未婚独生子家庭的负债情况是否严重有异于未婚独生女家庭

上两小节的研究表明，子女婚姻状态和性别都是影响家庭负债的重要因素，子女未婚家庭和男性子女家庭更可能为了购置房产而负债，无论是负债意愿还是负债程度都更强。本小节研究同样针对这两个家庭特点，对未婚子女家庭按照性别分类进行研究，检验未婚独生子家庭与未婚独生女家庭的负债情况是否显著不同，研究对应假设 6c。被解释变量和回归方程与前文一致，反映家庭结构的变量 X 为未婚独生子家庭（未婚独生子家庭为 1，未婚独生女家庭为 0），回归结果如表 6-16 和表 6-17 所示。

表 6-16　与子女同住的家庭结构分类三对于负债倾向的回归结果

变量	是否负债	是否银行贷款	是否借款	是否房产负债	是否其他负债
未婚独生子家庭	0.267**	0.278*	0.0660	0.533***	0.0126
	(0.118)	(0.157)	(0.139)	(0.146)	(0.150)
风险态度	-0.103	-0.202*	-0.130	-0.0472	-0.160
	(0.0865)	(0.111)	(0.107)	(0.109)	(0.111)
受教育程度	0.00890	0.145	-0.0866	0.00186	0.0873
	(0.0756)	(0.0903)	(0.0984)	(0.0910)	(0.0989)
性别	-0.0486	-0.173	0.0307	-0.0687	-0.0228
	(0.119)	(0.159)	(0.143)	(0.144)	(0.154)
2008 年家庭年收入	-0.00422	0.308***	-0.213**	0.277***	-0.365***
	(0.0708)	(0.0867)	(0.0904)	(0.0845)	(0.0991)
2008 年家庭年收入^2	0.000588	-0.0190***	0.0128**	-0.0155**	0.0184***
	(0.00497)	(0.00672)	(0.00521)	(0.00649)	(0.00542)
年龄	0.542	1.834	0.312	-0.0362	1.751
	(0.929)	(1.363)	(1.152)	(1.246)	(1.181)
年龄^2	-0.0452	-0.177	-0.0197	-0.0137	-0.135
	(0.0850)	(0.125)	(0.104)	(0.116)	(0.108)

续表

变量	是否负债	是否银行贷款	是否借款	是否房产负债	是否其他负债
金融资产占比	-1.299**	-5.464***	-0.525	-3.392***	-0.313
	(0.562)	(1.249)	(0.478)	(0.978)	(0.439)
经济形势预期	-0.0817	-0.286**	0.0456	-0.146	-0.0128
	(0.0677)	(0.116)	(0.0731)	(0.0917)	(0.0821)
收入水平预期	-0.0817	-0.200**	-0.0425	-0.170*	0.00505
	(0.0701)	(0.0952)	(0.0802)	(0.0974)	(0.0861)
消费品价格预期	-0.00958	-0.112	0.0385	-0.0699	0.0415
	(0.0627)	(0.0961)	(0.0699)	(0.0895)	(0.0738)
就业情况预期	0.164**	0.280***	0.0848	0.233***	0.0925
	(0.0754)	(0.0978)	(0.0864)	(0.0893)	(0.0986)
利率预期	0.0372	-0.0283	0.0283	-0.00446	0.0588
	(0.0507)	(0.0707)	(0.0601)	(0.0650)	(0.0655)
房产资金占比	0.600***	0.948**	0.479***	0.509*	0.517***
	(0.197)	(0.408)	(0.181)	(0.298)	(0.176)
信任	-0.000321	0.110	-0.112	0.0834	-0.125
	(0.134)	(0.175)	(0.174)	(0.173)	(0.168)
Number of obs	846	846	846	846	846
Pseudo R^2	0.051	0.215	0.052	0.154	0.089

注：***、**、*分别表示在1%、5%和10%的水平上显著；所有回归都运用probit模型，为了结果的稳健性，都采用稳健标准差的回归结果。括号中的值为对应标准误。

表6-17　与子女同住的家庭结构分类三对于负债程度的回归结果

变量	总负债资产比	银行贷款资产比	借款资产比	房产负债资产比	其他负债资产比
未婚独生子家庭	0.0787*	0.000307	0.0400	0.0563***	0.0140
	(0.0423)	(0.000194)	(0.0635)	(0.0184)	(0.0689)
风险态度	-0.0288	-0.000289**	-0.0528	-0.00983	-0.0571
	(0.0240)	(0.000141)	(0.0453)	(0.0116)	(0.0459)

续表

变量	总负债资产比	银行贷款资产比	借款资产比	房产负债资产比	其他负债资产比
受教育程度	0.00970 (0.0259)	0.000178 (0.000109)	−0.0213 (0.0458)	0.000725 (0.0104)	0.0512 (0.0519)
性别	−0.00823 (0.0401)	−0.000150 (0.000191)	0.0164 (0.0671)	0.00292 (0.0140)	−0.00983 (0.0719)
2008 年家庭年收入	−0.0197 (0.0234)	0.000363*** (0.000111)	−0.105* (0.0540)	0.0231*** (0.00846)	−0.177** (0.0738)
2008 年家庭年收入^2	0.00135 (0.00157)	−2.45e−05*** (9.05e−06)	0.00642** (0.00318)	−0.00130** (0.000609)	0.00923** (0.00400)
年龄	0.233 (0.309)	0.00206 (0.00183)	0.210 (0.532)	−0.0673 (0.147)	0.971 (0.648)
年龄^2	−0.0203 (0.0285)	−0.000202 (0.000169)	−0.0157 (0.0482)	0.00473 (0.0138)	−0.0782 (0.0584)
金融资产占比	−0.268 (0.181)	−0.00637*** (0.00144)	−0.159 (0.225)	−0.335*** (0.115)	−0.0570 (0.209)
经济形势预期	−0.0138 (0.0181)	−0.000388*** (0.000149)	0.0216 (0.0298)	−0.0117 (0.00930)	0.00295 (0.0322)
收入水平预期	−0.0155 (0.0227)	−0.000248** (0.000113)	−0.0113 (0.0361)	−0.0165 (0.0110)	0.0104 (0.0379)
消费品价格预期	0.00719 (0.0187)	−9.65e−05 (0.000116)	0.0236 (0.0313)	−0.00299 (0.00888)	0.0256 (0.0329)
就业情况预期	0.0593** (0.0297)	0.000374*** (0.000132)	0.0622 (0.0453)	0.0238** (0.00944)	0.0641 (0.0501)
利率预期	0.00324 (0.0154)	−2.91e−06 (8.82e−05)	0.00173 (0.0263)	0.000310 (0.00623)	0.0128 (0.0285)
房产资金占比	0.613*** (0.211)	0.00122*** (0.000356)	0.649*** (0.205)	0.0414 (0.0368)	0.664*** (0.200)

续表

变量	总负债 资产比	银行贷款 资产比	借款 资产比	房产负债 资产比	其他负债 资产比
信任	-0.0186 (0.0369)	0.000147 (0.000211)	-0.0702 (0.0754)	0.00376 (0.0194)	-0.0783 (0.0720)
Number of obs	846	846	846	846	846
Pseudo R^2	0.2166	-0.2835	0.1768	0.3018	0.2327

注：***、**、*分别表示在1%、5%和10%的水平上显著；所有回归都运用tobit模型，为了结果的稳健性，都采用稳健标准差的回归结果。括号中的值为对应标准误。

由表6-16和表6-17可知，这小节的回归结果与上一小节基本一致，未婚独生子家庭的负债倾向和负债程度都显著高于未婚独生女家庭，且负债动力主要来自购置房产给家庭带来的压力，与假设6c一致。值得一提的是，在之前所有回归中都不显著的银行贷款，在子女未婚的独生子和独生女家庭间有显著不同，显著程度为10%。未婚独生子家庭为了使儿子能有足够的钱购买住房开始向银行贷款。这个回归结果进一步印证了当代中国家庭面临的为子女购买婚房的重压，而且说明这一部分压力主要落在了拥有男性子孙的家庭上。

第四节　本章小结

本章运用中国国家统计局2009年“中国城镇居民经济状况与心态调查”的微观调查数据，探索了中国家庭结构与家庭负债情况的关系。

研究发现，家庭结构是影响中国居民家庭负债选择和负债程度的重要因素。与父母同住家庭和与子女同住家庭相比独代居住家庭都更愿意向亲戚朋友借债，并且借款占家庭总资产的比例更高。另外，与子女同住家庭与三代同堂家庭都会为房产以外的其他原因而借贷且借贷比例更高。具体来说，出于使资本增值或者为了给家庭成员治病的目的，与子女同住家庭会更愿意负债，而出于教育、购买耐用消费品及维持成员健康的目的会使与子女同住家庭的负债资产比显著高于独代居住家庭，所有回归结果与假设1c一致。但在三种多代共居家庭中，无论是两种两代共居家庭，还是三代同堂家庭，彼此之间的负债情况都没有显著不同，与假设 2c 不符，与假设 3c 中总负债的推断相符。

对于我国现在所占比率较多的家庭结构——与子女同住的家庭而言，子女的婚姻状态和性别的不同确实会对家庭负债带来不同影响。研究表明，子女婚房购置是家庭负债的重要动力。为了购置房产，已婚独生子女家庭更倾向于向亲戚朋友借债且负债总资产比高于未婚独生子女家庭，同时家庭还会通过负债获得资产，期望能更快使资本增长以使家庭累计更多财富让子女的生活更加富足，研究结果与假设 4c 一致。另外，子女性别的不同对家庭负债情况的影响也是非常显著的，无论是独生子家庭和独生女家庭间负债情况的差异，还是未婚独生子和未婚独生女家庭间负债情况的差异，都充分表明我国子孙的男女性别对家庭经济决策的不同影响。虽然都是独生子女家庭，但男女地位差距依然较大，男性相比女性会获得更多的家庭经济支持。尤其是在房屋的购置方面，为男性子孙准备新房依然是大多数中国人的观念，回归结果与假设 5c 和假设 6c 一致。

第七章
家庭结构和商业保险投保

随着中国经济的高速发展，中国居民家庭的金融资金量大幅度增长，中国保险业也随之快速发展，保险需求不断扩大。然而，相比于家庭金融资产的飙升，家庭商业保险消费的增长显得动力不足。若与发达国家相比，我国保险业的发展依然存在有效需求不足、投保率偏低等问题。而且，虽然近年来我国保险市场不断完善创新，除了传统的人寿险外，还增加了分红险、投资险等新的家庭财产保险，但这部分财产险的关注度与投保率都与我国现阶段的经济金融发展程度严重不匹配，没有达到应有的发展规模。作为家庭金融资产的一部分，商业保险没有发挥其应有的作用。

分散风险作为金融市场建立、发展的一大初衷，在保险业上得到了最直接的体现，在当下金融市场越来越复杂、金融工具名目繁多的中国，保险业的蓬勃发展是时代召唤的一大必然。因此，研究保险需求的影响因素是非常有现实意义的。在影响保险需求的众多因素中，家庭结构一直都是不能绕过的重要因素，Hammond、Houston 和 Melander（1967）就研究了家庭规模与寿险需求的关系。后续的研究，对家庭结构的分类越来越细。但在众多文献中，家庭结构对家庭保险需求影响的结论却不完全一致，就家庭规模这一项，对寿险需求的影响就有正有负，而且基于居住状态对家庭结构进行分类研究的文章更是少见。此外，已有的研究大多局限在寿险上，研究其他险种的文章相对较少，专门针对商业保险的研究更是少见。本章从家庭结构的视角研究家庭商业保险需求的问题，对家庭结构和商业保险都进行了细分，力图能使研究有效性更高，更加贴合中国居民家庭现实情况，既保证研究的合理性，同时又不失创新性。

本章余下内容安排如下：第一节是家庭结构对家庭保险需求影响的相关研究文献回顾和理论假设；第二节介绍了样本数据和变量的设定，并对变量进行了描述性统计分析；第三节是实证研究；第四节是本章小结。

第一节　文献回顾和理论假设

一、文献回顾

保险作为关乎国计民生的一项重要金融资产一直都备受金融学家的关注，影响保险需求的因素分析一直都是研究中的重点。Hammond、Houston和Melander（1967）研究发现家庭规模与寿险购买需求负相关，Auerbach和Kotlikoff（1989）也发现成员越多的家庭购买寿险的可能性越低。与他们不同的是，Showers和Shotick（1994）发现成员越多的家庭购买的保险会越多，但随着家庭规模的扩大，家庭购买保险的边际增长率会下降。在Duker（1969）、Anderson和Nevin（1975）的研究中，家庭规模并不是影响家庭寿险需求的一个主要因素。同样，张冲（2013）也发现平均家庭户规模与家庭平均受教育年限对人身保险需求的影响不显著。

除了家庭规模与保险需求的相关研究，很多学者还对家庭的一些其他人口特点进行了分析。Goldsmith（1983）研究了家庭有收入的成员个数与寿险的关系，他们的研究发现家庭中有收入的成员越多，家庭对保险的需求就越低。但同样考虑了这一变量对寿险需求影响的Ferber和Lee（1980）却得到了相反的结论。Miller（1985）为了区别工作与否对寿险需要的不同影响，特意对样本中同样年龄的有工作和没工作的人群进行对比研究，研究发现没有工作的人比有工作的人的寿险需求更少，他们认为出现这种情况的原因是没有工作的人群没有雇主为他们分担保险费用。

李涛、王志芳、王海港和谭松涛（2010）在研究中国城市居民金融排斥状况时，分析了家庭中未成年人数量、老年人数量及家庭规模对家庭保险受排斥情况的影响，他们的研究表明未成年人数与老年人人数越少的家庭购买保险的可能越低，而家庭总人数的影响并不显著。刘钰琼、武世杰（2012）考虑了家庭成员平均年龄与家庭寿险需求的关系，并没有发现两者之间有显著的影响关系。樊纲治、王宏扬（2015）对家庭结构的分类综合考虑了前几位研究者的分类方法，分别研究了家庭老年人占比、少年儿童占比、就业者占比以及家庭规模对家庭商业人身保险需求的影响，研究发现老年人占比越高的家庭和家庭规模越大的家庭购买商业寿险的概率越低，就业者占比高的家庭也不倾向于购买商业保险，与此相反，少年儿童数量占比越高的家庭购买商业寿险的可能性越高。与他们不同的是，孙祁祥、王向楠（2013）的研究发现，家庭小孩数目对家庭人身保险购买并没有显著影响。

综上可知，关于家庭结构对保险需求影响的研究更多地出现于实证研究中。对家庭结构的分类从单纯的家庭规模到老年人口情况、家庭成员就业情况、少年儿童情况等关注点各有不同，但基于居住状态对家庭结构分类的研究还比较少见。另外，已有研究大多站在整个保险需求的角度，其中寿险是大部分文章的主要研究对象，专注于商业保险需求影响因素的文章相对有限。

二、理论假设

第三章中，我们针对不同层面家庭结构间的金融行为差异做出了 6 组假设，在本章我们会对这 6 组假设中商业保险的部分进行分析验证，现将关于家庭商业保险部分的假设列出。

假设 1d：三代同堂家庭、与子女同住家庭和与父母同住家庭比独代居住家庭购买保险的可能性更高。

假设 2d：与子女同住家庭和与父母同住家庭比三代同堂家庭购买保险的可能性更低（除子女少儿险以外）。

假设 3d：与父母同住家庭比与子女同住家庭购买人身保险的可能性更高，购买增值类保险的可能性也更高，购买子女少儿险的可能性更低。

假设 4d：子女未婚家庭比子女已婚家庭购买子女少儿险的可能性更高，购买其他保险的可能性更低。

假设 5d：男性子孙家庭比女性子孙家庭购买保险的可能性更低。

假设 6d：男性子孙家庭比女性子孙家庭购买保险的可能性更低。

第二节　变量设定和描述性统计分析

本章数据来自国家统计局 2009 年的“中国城镇居民经济状况与心态调查”，变量的构造来自调查问卷的相关问题。观测值的单位是个体，或者是单独居住，或者是一个多人家庭的成员，总样本包含 5056 个家庭的

14109 个居民的数据，大多数的社会经济学信息都在个体水平上收集。在剔除明显异常的样本后（如重复样本、本文使用的关键数据缺失、问题选择结果不在备选答案之中、负债为负、资产为负、收入为负、年龄为负），剩下北京、河北、山西、辽宁、江苏、江西、山东、河南、海南、四川、甘肃、广东 12 个省和直辖市，共计 4196 个样本家庭。

本章目的在于考察家庭结构对家庭商业保险投保的影响。以下就家庭结构、商业保险和其他分析变量的构造分别进行说明。

一、家庭结构的设定

本书对家庭结构的设定主要从代际共居的角度进行分类，考虑到数据的局限性及分析的有效性，本书分析的家庭结构包括：独代居住家庭、与父母同住家庭、与子女同住家庭以及三代同堂家庭。其中，独代居住家庭指户主夫妻同住或只有户主居住的家庭；与父母同住家庭指户主夫妻二人或者户主一人与父母共同居住的家庭，其中父母指户主父母或配偶父母；与子女同住家庭指户主夫妻或户主与子女共同居住的家庭；三代同堂家庭指户主夫妻或户主与父母、子女共同居住的家庭，其中父母指户主父母或配偶父母。表 7-1 列出了本章样本数据中各种类型家庭的数量及比例。由表 7-1 可知，在本章样本数据中，与子女同住家庭最多共 2457 户家庭，次之是独代居住的家庭共 1495 户，这两种类型的家庭约占所有样本家庭的 94%，其余的两类家庭数量锐减，其中三代同堂的家庭只有 164 户，与父辈同住的家庭共 80 户。

表 7-1　家庭结构的描述性统计

家庭类型	独代居住	与父辈同住	与子女同住	三代同堂	合计
数量（户）	1495	80	2457	164	4196
占比（%）	35.63	1.91	58.56	3.91	100

二、商业保险的设定

本章由于数据限制只研究家庭结构对各种商业保险购买与否的影响，不研究对持有商业保险资金比率的影响。限于数据的可得性，本章研究的商业保险包括寿险、健康保险、意外险、子女少儿险、分红险、投资型保险以及财产保险，每种保险的持有情况统计结果如表7-2所示。由表7-2可知，在样本数据的4196户家庭中，有529户家庭购买了寿险，720户家庭购买了健康险，584户家庭购买了意外险。其中，需求最多的险种是子女少儿险，有845户家庭购买。相比于这些险种，分红险、投资险、财产险的需求量明显下降，尤其是后两种险种，分别只有114户和127户家庭购买。由统计数据可知，我国城镇居民家庭参与商业保险购买的家庭普遍较少，被购买最多的险种子女少儿险也只有20.14%的家庭购买，比风险资产24%的居民家庭参与率还要低，说明商业保险在我国的普及率非常低。另外，根据这七种商业保险的分布情况我们还发现，以往研究中出现最多的寿险、健康险、意外险这三种人身保险并不是中国居民家庭参与最多的商业保险，最受欢迎的险种是关注少年儿童的子女少儿险，充分反映了我国居民家庭对孩子成长的关切之重。在七种商业保险中，购买比率最低的是分红险、投资险、财产险，其中参与率最少的投资险，只有2.72%的家庭参与，鉴于这三种保险都是为了家庭财产的保值增值，且后两种险种数量相对较少，二者相加之和勉强超过分红险的二分之一，因此分开研究统计意义不强，故我们只研究分红险的投资情况，投资险与财产险不再考虑。综上，本文被解释变量共有5个，分别为寿险（家庭购买寿险为1，没有为0）、健康险（家庭购买健康险为1，没有为0）、意外险（家庭购买了意外险为1，没有为0）、子女少儿险（家庭为子女购买了少儿险为1，没有为0）、分红险（家庭购买分红险为1，没有为0）。

表7-2 各险种购买情况统计

险种	人身保险			子女少儿险	增值险		
	寿险	健康险	意外险		分红险	投资险	财产险
数量（户）	529	720	584	845	401	114	127
占比（%）	12.61	17.16	13.92	20.14	9.56	2.72	3.03

三、其他控制变量设定

在参考了已有相关文献的研究之后，设定本章的控制变量，包括年龄、年龄的平方、性别（1表示男性，0表示女性）、受教育程度（分为初中及以下、高中或中专、大学专科或本科、研究生）、风险态度、2008年收入、2008年收入的平方、房产数量、婚姻状况（1为已婚，0为未婚）、信任、金融资产占比（家庭金融财富与家庭总财富的比值）、总资产、负债资产比（家庭总负债与家庭总资产的比值）、医疗占比（医疗费用与家庭总消费的比值）、经济形势预期（1为乐观，2为既不乐观也不悲观，3为悲观，4为不知道）、收入水平预期（1为增加，2为不变，3为减少，4为不知道）。其中，金融财富指现金、银行存款、股票、基金、外汇、债券、期货和其他理财产品的总和；总财富指家庭现金、银行存款、股票、基金、外汇、债券、期货、住房公积金、保险金、收藏品的估计市场价值、其他金融理财产品、借出款、向企业或其他经营活动的投资、家庭经营活动占有的自有资金、房产的总和。另外，由于社会保险与商业保险存在互补与替代性，分析商业保险的需求问题，必须控制住家庭的社会保险情况。为此，本文设定了社保数量这一变量，反映家庭享有的社会保险数量，其中社会保险包括养老保险、失业保险、医疗保险、工伤保险与生育保险。上述变量的设定主要参考了李涛、王志芳、王海港和谭松涛（2010），李雅君、李志冰、董俊华和吴卫星（2015）的相关设定。

四、主要变量的描述性统计

主要变量的描述性统计结果如表7-3所示。由统计结果可知，在本章样本数据中，购买寿险、健康险、意外险的家庭分别占总样本的12.6%、17.2%、13.9%，持有子女少儿险的家庭比率最多达到了20.1%，分红险的持有比例为9.6%。在总样本的4196户家庭中，35.6%的家庭独代居住，58.6%的家庭与子女同住，3.9%的家庭三代同堂，只有1.9%的家庭与父母同住。在独生子女家庭中，76.4%的家庭的子女未婚，61.2%的家庭的孩子为男性，未婚独生子家庭的比例为56.6%。另外，在样本家庭中，91%的家庭户主已婚，所有家庭平均花费在医疗支出上的费用占家庭总支出的6%，家庭平均负债占比2.3%，持有社保数量的平均值为2.476。在样本中，户主平均年龄为50岁，其中65.7%的户主为男性，对未来经济趋势预测普遍平稳向好，风险态度的均值为2.747，风险厌恶的投资者较多。在家庭资产水平方面，2008年家庭平均收入为28800元，每户家庭平均有1.092套房产，家庭平均总资产54万元，金融资产平均占家庭总资产的 18.4%，说明我国居民家庭的金融资产比率普遍较低。

表 7-3 主要变量的描述性统计表

变量	定义	均值	方差	最小值	最大值
被解释变量的描述性统计分析					
寿险	家庭购买寿险为 1，没有为 0	0.126	0.332	0	1
健康险	家庭购买健康险为 1，没有为 0	0.172	0.377	0	1
意外险	家庭购买了意外险为 1，没有为 0	0.139	0.346	0	1
子女少儿险	家庭为子女购买了少儿险为 1，没有为 0	0.201	0.401	0	1
分红险	家庭购买分红险为 1，没有为 0	0.096	0.294	0	1
家庭结构变量的描述性统计分析					
独代居住	独代居住 1，其他 0	0.356	0.479	0	1
与父母同住	只与父母同住 1，其他 0	0.019	0.137	0	1
与子女同住	只与子女同住 1，其他 0	0.586	0.493	0	1
三代同代	既与父母子女共同居住 1，其他 0	0.039	0.194	0	1
未婚独生子女家庭	未婚独生子女家庭 1，已婚独生子女家庭 0	0.764	0.425	0	11
独生子家庭	独生子家庭 1，独生女家庭 0	0.612	0.488	0	1
未婚独生子家庭	未婚独生子家庭 1，未婚独生女家庭 0	0.566	0.496	0	1
控制变量的描述性统计分析					
年龄	年龄（岁）	5.032	1.276	2	9.4
2008 年家庭年收入	2008 年家庭年收入，单位为万元	2.880	1.962	0	44.98
风险态度	很喜欢冒险 0，喜欢冒险 1，一般 2，不喜欢冒险 3，很不喜欢冒险 4	2.747	0.725	0	4
受教育程度	初中及以下 0，高中或中专 1，大学专科或本科 2，研究生 3	1.029	0.845	0	3
性别	男性户主 1，女性户主 0	0.657	0.475	0	1

续表

变量	定义	均值	方差	最小值	最大值
控制变量的描述性统计分析					
房产数量	有几套住房	1.092	0.452	0	4
信任	问卷中10方面信任的均值	2.886	0.440	1.1	5
婚姻状态	在婚姻中为1，不在婚姻关系中为0	0.910	0.287	0	1
总资产	总资产值，单位为万元	53.977	58.383	0.011	1261.414
负债资产比	家庭总负债与家庭总资产的比值	0.023	0.811	0	52.270
医疗占比	医疗费用与家庭总消费的比值	0.060	0.092	0	0.890
金融资产占比	家庭金融财富与家庭总财富的比值	0.184	0.212	0.000	1
经济形势预期	1为乐观，2为既不乐观也不悲观，3为悲观，4为不知道	1.944	0.963	1	4
收入水平预期	1为增加，2为不变，3为减少，4为不知道	1.618	0.957	1	4
社保数量	家庭持有社会保险的数量	2.476	1.324	0	5

第三节 回归分析

一、研究模型

本章研究家庭结构对商业保险投保的影响，由于数据限制只研究家庭结构对各种商业保险购买与否的影响。鉴于研究内容，本章实证研究模型只有一个，模型7.1研究家庭结构对各种商业保险是否参与的影响，由于被解释变量都是0或1的二值选择变量，故模型7.1采用二值选择模型，运用probit模型进行回归。回归模型7.1如式（7.1）所示。

$$\text{Dependent Variable} = cons + \alpha_1 X + \beta_1 Z + \varepsilon \tag{7.1}$$

式（7.1）中，cons代表截距项，X为家庭结构变量，ε代表随机项，一共进行5次回归，被解释变量分别为寿险（家庭购买寿险为1，没有为

0)、健康险（家庭购买健康险为 1，没有为 0）、意外险（家庭购买了意外险为 1，没有为 0）、子女少儿险（家庭为子女购买了少儿险为 1，没有为 0）、分红险（家庭购买分红险为 1，没有为 0）。Z 为控制变量，包括年龄、年龄的平方、性别、受教育程度、风险态度、2008 年收入、2008 年收入的平方、房产数量、婚姻状况、信任、金融资产占比、总资产、负债资产比、医疗占比、经济形势预期和收入水平预期。

二、回归分析

（一）独代居住家庭的商业投保情况是否明显有异于多代同住家庭

本书研究的家庭类型包括独代居住家庭、与父母同住家庭、与子女同住家庭以及三代同堂家庭。在这四类家庭中，后三类家庭均为多代同住家庭，明显区别于独代居住家庭。故而，在这一部分的分析中，笔者把独代居住的家庭作为基础组，后三种家庭类型的虚拟变量加入解释变量 X 中进行回归，探索多代同住家庭与独代居住家庭对家庭商业保险需求是否存在不同影响，研究对应假设 1d。独居与共居家庭结构对家庭商业保险需求影响的回归结果如表 7-4 所示。

表 7-4　独居与共居家庭结构对家庭商业保险需求影响的回归结果

变量	寿险	健康险	意外险	子女少儿险	分红险
与父母同住	-0.0839 (0.192)	-0.0544 (0.177)	-0.0592 (0.184)	-0.337 (0.239)	-0.0712 (0.210)
与子女同住	-0.0411 (0.0614)	0.0365 (0.0559)	0.150** (0.0608)	0.683*** (0.0619)	0.102 (0.0666)
三代同堂	-0.381** (0.155)	-0.0621 (0.130)	0.105 (0.133)	0.633*** (0.126)	-0.122 (0.165)
社保数量	0.0757*** (0.0194)	0.0708*** (0.0185)	0.111*** (0.0188)	0.0813*** (0.0181)	0.0420** (0.0212)
风险态度	-0.112*** (0.0366)	-0.125*** (0.0343)	-0.149*** (0.0363)	-0.161*** (0.0331)	-0.0568 (0.0399)

续表

变量	寿险	健康险	意外险	子女少儿险	分红险
受教育程度	0.113***	0.0295	0.0771**	0.151***	0.0457
	(0.0341)	(0.0325)	(0.0346)	(0.0321)	(0.0371)
性别	-0.0742	-0.152***	-0.127**	-0.0647	-0.0394
	(0.0551)	(0.0503)	(0.0537)	(0.0507)	(0.0595)
2008年家庭年收入	0.0824***	0.177***	0.0865***	0.0438**	0.0795***
	(0.0205)	(0.0354)	(0.0197)	(0.0188)	(0.0207)
2008年家庭年收入^2	-0.00211**	-0.0106***	-0.00169**	-0.000581	-0.00166**
	(0.000895)	(0.00310)	(0.000749)	(0.000679)	(0.000739)
年龄	0.337**	0.276*	-0.0769	-0.689***	0.343*
	(0.159)	(0.144)	(0.146)	(0.132)	(0.177)
年龄^2	-0.0416***	-0.0348**	-0.00485	0.0499***	-0.0450**
	(0.0157)	(0.0141)	(0.0143)	(0.0131)	(0.0177)
婚姻状态	0.102	-0.0662	-0.0853	0.226**	0.139
	(0.109)	(0.0918)	(0.0967)	(0.102)	(0.122)
经济形势预期	-0.0695**	-0.0816***	-0.0726**	-0.0188	-0.101***
	(0.0307)	(0.0273)	(0.0292)	(0.0276)	(0.0326)
收入水平预期	-0.0128	-0.0558**	-0.00929	-0.00354	-0.0189
	(0.0299)	(0.0275)	(0.0286)	(0.0274)	(0.0329)
房产数量	0.0619	0.102*	-0.00362	0.0610	0.0899
	(0.0652)	(0.0593)	(0.0638)	(0.0620)	(0.0660)
信任	-0.138**	0.0111	0.0661	-0.0441	-0.0397
	(0.0615)	(0.0558)	(0.0593)	(0.0554)	(0.0661)
金融资产占比	0.263**	0.102	0.0890	-0.101	0.245*
	(0.132)	(0.129)	(0.132)	(0.137)	(0.131)
总资产	0.00181***	0.00158***	0.00162***	0.000466	0.00175***
	(0.000510)	(0.000472)	(0.000470)	(0.000456)	(0.000480)

续表

变量	寿险	健康险	意外险	子女少儿险	分红险
负债资产比	-0.0324 (0.0803)	-0.190 (0.324)	-0.0423 (0.221)	-0.0111 (0.0303)	-0.697 (0.637)
医疗占比	0.569** (0.283)	0.397 (0.259)	0.350 (0.291)	0.174 (0.292)	0.391 (0.325)
Number of obs	4196	4196	4196	4196	4196
Pseudo R^2	0.076	0.069	0.089	0.1415	0.0696

注：***、**、*分别表示在1%、5%和10%的水平上显著；全部回归均为probit回归，为了结果的稳健性，所有回归均采用稳健标准差的回归结果。括号中的值为对应标准误。

表7-4给出的回归结果分别对应被解释变量为寿险、健康险、意外险、子女少儿险、分红险的回归。由于五个回归均为二值回归模型，故均采用probit回归，同时为了结果的稳健性，所有回归均采用稳健标准差的回归结果。由表7-4可知，就寿险来说，所有多代同住家庭投保的可能均低于独代居住家庭，但只有三代同堂家庭购买寿险的可能性显著地低于独代居住家庭，显著程度为5%。就意外险来说，与父母同住家庭和三代同堂家庭投保的可能性均低于独代居住家庭，但并不显著；与子女同住家庭投保的可能性显著高于独代同住家庭，显著程度为5%。同为人身保险的健康险的回归结果中，所有家庭结构的系数均不显著。由此可知，这三种人身保险投保的可能性与家庭结构的关系并不完全一致，与樊纲治、王宏扬（2015）的研究结果不同。在所有回归中，结果最显著的是子女少儿险的投保情况，与子女同住的家庭和三代同堂家庭的投保可能性都显著地高于独代居住家庭，显著程度为1%。只有这两类家庭是与子女共同居住的，这一结果有它的绝对必然性，说明本书数据的可靠性非常高。同时，这样的回归结果也反映出，同时有老人与小孩需要照顾的三代同堂家庭，一方面寿险投保情况显著低于独代居住家庭，另一方面子女少儿险显著高于独代居住家庭，这样的反差现象说明，在中国家庭中，小孩受到的关注度和保护程度最高，家庭把有限的经济资源更多地运用到孩子的成长中。与子女同住家庭的意外险和子女少儿险都显著高于独代居住家庭，也充分说明家庭为了给子女提供更加稳定无忧的成长环境所作出的努力。与这两种家庭结构不同，与父母同住家庭的六个回归结果都不显著，这种结果很有可能是因为在保险的相关变量上与子女同住家庭的样本数量太少。除了人身

保险和子女少儿险，分红险的回归结果并不显著。回归分析说明，除了三代同堂家庭购买寿险的可能性低于独代居住家庭外，其他回归结果都与假设 1d 一致。

（二）多代同住的三种家庭类型是否拥有相似的商业保险投保情况

在研究了独代居住家庭与代际共居家庭商业保险投保情况的不同之后，我们把目光转向三种多代同住的家庭类型，验证在代际共居的三种家庭中，是否存在假设 2d 推测的三代同堂家庭相比其他两组家庭购买保险可能性更高的情况（不包括子女少儿险）。以三代同堂家庭为基准组，将与父母同住家庭和与子女同住家庭的变量加入解释变量 X 中，回归模型与上一部分一致，回归结果如表 7-5 所示。

表 7-5　共居家庭结构对家庭商业保险投保的回归结果

变量	寿险	健康险	意外险	子女少儿险	分红险
与父母同住	0.239 (0.237)	−0.0224 (0.207)	−0.208 (0.217)	−1.073*** (0.276)	−0.00883 (0.258)
与子女同住	0.343** (0.150)	0.119 (0.124)	0.0631 (0.127)	0.0881 (0.118)	0.268* (0.157)
社保数量	0.0810*** (0.0225)	0.0517** (0.0211)	0.114*** (0.0214)	0.0756*** (0.0200)	0.0249 (0.0237)
风险态度	−0.0647 (0.0451)	−0.102** (0.0413)	−0.143*** (0.0434)	−0.201*** (0.0385)	−0.0505 (0.0481)
受教育程度	0.132*** (0.0423)	0.0280 (0.0395)	0.0680* (0.0410)	0.155*** (0.0370)	0.0597 (0.0444)
性别	−0.0689 (0.0677)	−0.149** (0.0614)	−0.0949 (0.0645)	−0.0802 (0.0584)	−0.0389 (0.0712)
2008 年家庭年收入	0.0668*** (0.0236)	0.176*** (0.0403)	0.0933*** (0.0230)	0.0522** (0.0212)	0.0868*** (0.0238)
2008 年家庭年收入^2	−0.00165** (0.000785)	−0.0102*** (0.00334)	−0.00173** (0.000776)	−0.000723 (0.000701)	−0.00175** (0.000739)

续表

变量	寿险	健康险	意外险	子女少儿险	分红险
年龄	0. 106 (0. 198)	−0. 0132 (0. 179)	−0. 270 (0. 184)	−0. 978 *** (0. 167)	−0. 0299 (0. 217)
年龄^2	−0. 0171 (0. 0197)	−0. 00748 (0. 0176)	0. 0132 (0. 0183)	0. 0733 *** (0. 0164)	−0. 0103 (0. 0219)
婚姻状态	0. 0622 (0. 139)	−0. 0800 (0. 118)	−0. 110 (0. 122)	0. 0283 (0. 124)	0. 00974 (0. 145)
经济形势预期	−0. 0446 (0. 0374)	−0. 0899 *** (0. 0333)	−0. 0504 (0. 0351)	−0. 0171 (0. 0320)	−0. 0638 (0. 0390)
收入水平预期	−0. 0301 (0. 0370)	−0. 0550 * (0. 0333)	−0. 0321 (0. 0345)	−0. 0156 (0. 0311)	−0. 0575 (0. 0403)
房产数量	0. 0725 (0. 0774)	0. 118 * (0. 0684)	0. 00332 (0. 0744)	0. 00294 (0. 0694)	0. 0643 (0. 0765)
信任	−0. 171 ** (0. 0769)	0. 0200 (0. 0684)	0. 0696 (0. 0710)	−0. 0503 (0. 0649)	−0. 0587 (0. 0806)
金融资产占比	0. 247 (0. 166)	−0. 0373 (0. 165)	0. 0236 (0. 164)	−0. 143 (0. 156)	0. 263 (0. 160)
总资产	0. 00222 *** (0. 000692)	0. 00140 ** (0. 000596)	0. 00146 ** (0. 000617)	0. 000533 (0. 000589)	0. 00194 *** (0. 000616)
负债资产比	−0. 147 (0. 361)	−0. 367 (0. 458)	−0. 0277 (0. 318)	−0. 113 (0. 279)	−0. 613 (0. 681)
医疗占比	1. 065 *** (0. 402)	0. 829 ** (0. 369)	1. 095 *** (0. 391)	0. 337 (0. 372)	0. 336 (0. 446)
Number of obs	2701	2701	2701	2701	2701
Pseudo R^2	0. 072	0. 058	0. 0739	0. 1415	0. 0611

注：***、**、*分别表示在 1%、5% 和 10% 的水平上显著；全部回归均为 probit 回归，为了结果的稳健性，所有回归均采用稳健标准差的回归结果。括号中的值为对应标准误。

由表 7-5 可知，与父母同住家庭和与子女同住家庭购买寿险的可能性都高于三代同堂家庭，其中与子女同住家庭在5%的程度上显著高于三代同堂家庭。与父母同住家庭购买健康险和意外险的意愿都低于三代同堂家庭，与子女同住家庭购买健康险和意外险的意愿都低于三代同堂家庭，但回归结果均不显著。在子女少儿险的投保问题上，与父母同住家庭的投保倾向显著低于三代同堂家庭，且在1%的水平上显著，与子女同住家庭和三代同堂家庭则没有显著差别，在我们的样本中，与子女同住家庭购买子女少儿险的概率比三代同堂家庭更高。在分红险的回归中，只有与子女同住家庭购买分红险的概率显著高于三代同堂家庭，显著程度为10%，其他家庭结构并不显著，回归结果与假设2d的推测一致。由回归结果可知，与子女同住家庭和三代同堂家庭相比，五个险种的商业保险投资可能性都更高，尤其是寿险和分红险，分别在5%和10%的程度上显著。与子女同住家庭的成员的平均年龄普遍小于三代同堂家庭，这些较年轻的家庭户主无论是精力还是金融知识都普遍高于三代同堂家庭，故而会更多地投资于增值类保险产品。另外，三代同堂家庭的家庭压力要大于与子女同住家庭，家庭资产中可用于购买商业保险的份额有限，投资于分红险这种增值险的可能性更低。与父母同住家庭也与三代同堂家庭的商业保险投保情况不同，但只在子女少儿险上，这一点由家庭结构本身决定，在与父母同住家庭中，没有未成年子女，故显著低于有未成年子女的三代同堂家庭是必然的。

（三）与父母同住家庭和与子女同住家庭的商业保险投保情况是否一致

在研究了三种代际共居家庭的商业保险投保情况之后，我们开始验证同样是两代共居的与父母同住家庭和与子女同住家庭商业保险投保的异同，研究与假设3d对应。研究思路和模型与前文相同，回归方程对应式(7.1)。在这部分分析中，只保留与父母同住和与子女同住两类家庭，以数量比例更大的与子女同住家庭为基准组，把代表与父母同住家庭的变量加入解释变量X中，回归结果如表7-6所示。

表7-6　两代共居家庭结构对家庭商业保险投保影响的回归结果

变量	寿险	健康险	意外险	子女少儿险	分红险
与父母同住	−0.120	−0.147	−0.265	−1.179***	−0.291
	(0.198)	(0.177)	(0.187)	(0.264)	(0.216)

续表

变量	寿险	健康险	意外险	子女少儿险	分红险
社保数量	0.0904*** (0.0231)	0.0516** (0.0217)	0.107*** (0.0221)	0.0781*** (0.0207)	0.0183 (0.0241)
风险态度	-0.0685 (0.0462)	-0.102** (0.0424)	-0.145*** (0.0451)	-0.225*** (0.0401)	-0.0414 (0.0496)
受教育程度	0.105** (0.0432)	0.0305 (0.0409)	0.0677 (0.0425)	0.159*** (0.0383)	0.0647 (0.0461)
性别	-0.0794 (0.0695)	-0.146** (0.0638)	-0.0961 (0.0668)	-0.0980 (0.0608)	-0.0713 (0.0734)
2008年家庭年收入	0.0638*** (0.0240)	0.157*** (0.0413)	0.100*** (0.0238)	0.0507** (0.0220)	0.0914*** (0.0242)
2008年家庭年收入^2	-0.00162** (0.000783)	-0.00917*** (0.00342)	-0.00191** (0.000807)	-0.000716 (0.000702)	-0.00184** (0.000727)
年龄	0.0240 (0.199)	-0.0210 (0.184)	-0.345* (0.189)	-1.042*** (0.173)	0.0597 (0.222)
年龄^2	-0.0101 (0.0197)	-0.00786 (0.0180)	0.0193 (0.0187)	0.0787*** (0.0169)	-0.0212 (0.0223)
婚姻状态	0.0340 (0.143)	-0.0867 (0.125)	-0.0542 (0.131)	0.0389 (0.133)	-0.00578 (0.156)
经济形势预期	-0.0501 (0.0385)	-0.0921*** (0.0347)	-0.0447 (0.0366)	-0.0169 (0.0335)	-0.0885** (0.0407)
收入水平预期	-0.0392 (0.0381)	-0.0514 (0.0344)	-0.0335 (0.0356)	-0.0251 (0.0326)	-0.0481 (0.0415)
房产数量	0.0838 (0.0806)	0.146** (0.0712)	0.0214 (0.0773)	-0.0108 (0.0729)	0.116 (0.0789)
信任	-0.146* (0.0783)	0.00345 (0.0704)	0.0777 (0.0732)	-0.0894 (0.0671)	-0.00626 (0.0821)

续表

变量	寿险	健康险	意外险	子女少儿险	分红险
金融资产占比	0.287*	−0.0792	0.0693	−0.116	0.287*
	(0.169)	(0.168)	(0.168)	(0.162)	(0.162)
总资产	0.00236***	0.00150**	0.00128**	0.000670	0.00195***
	(0.000725)	(0.000619)	(0.000629)	(0.000612)	(0.000641)
负债资产比	−0.107	−0.527	−0.223	−0.0926	−0.607
	(0.337)	(0.529)	(0.457)	(0.273)	(0.711)
医疗占比	1.133***	0.891**	1.044***	0.332	0.482
	(0.404)	(0.374)	(0.402)	(0.380)	(0.443)
Number of obs	2537	2537	2537	2537	2537
Pseudo R^2	0.07	0.06	0.11	0.14	0.07

注：***、**、*分别表示在1%、5%和10%的水平上显著；全部回归均为probit回归，为了结果的稳健性，所有回归均采用稳健标准差的回归结果。括号中的值为对应标准误。

由表7-6可知，在本章样本数据中，与父母同住家庭和与子女同住家庭相比，购买寿险、健康险、意外险、子女少儿险、分红险的可能性都较小，但在这五种险种中，只有子女少儿险的回归结果是显著的，且显著性水平很高，显著程度为1%。对于没有未成年子女的家庭结构来说，这个回归结果是非常自然的，证明了样本数据的可靠性。除了子女少儿险的购买情况与假设3d一致，其他回归结果不支持假设3d的推论。

（四）与子女同住家庭的商业保险投保回归分析

1. 子女婚姻状态会影响家庭商业保险投保吗

子女结婚一向被认为是中国家庭的一件大事，与供养子女成长一样，资助子女成家也被大多数居民家庭默认为父母的一项义务。Wei和Zhang（2011a）研究发现，在男女性别比差异较大的当代中国，男性子孙家庭为了使儿子在婚姻市场上更有竞争力会增加家庭的储蓄比率。本书前三章的研究也证明了子女婚姻状态确实会对中国居民家庭金融行为产生影响，因此，本部分继续研究这一话题，研究子女婚姻状态是否影响家庭商业保险的购买，对应假设4d。为了使分析结果更准确可信，受数据的限制本部分只保留独生子女家庭的样本进行分析，避免子女数量不同对研究结果的影响。本节共进行五次回归，被解释变量及模型设定与前文相同，被解释变量分别为寿险（家庭购买寿险为1，没有为0）、健康险（家庭购买健康险为1，没有为0）、意外险（家庭购买了意外险为1，没有为0）、子女少儿险（家庭为子女购买了少儿险为1，没有为0）、分红险（家庭购买分红险为1，没有为0）。解释变量X为未婚独生子女家庭（未婚独生子女家庭1，已婚独生子女家庭0），所有回归运用probit模型，为了回归结果的稳健性，分析结果都采用稳健标准差的回归结果，如表7-7所示。

表7-7 与子女同住家庭结构分类一的回归结果

变量	寿险	健康险	意外险	子女少儿险	分红险
未婚独生子女家庭	0.0686 (0.159)	0.0927 (0.148)	0.102 (0.160)	-1.074*** (0.148)	-0.0430 (0.165)
社保数量	0.113*** (0.0399)	0.0724** (0.0353)	0.146*** (0.0369)	0.159*** (0.0389)	0.000204 (0.0392)
风险态度	-0.0895 (0.0758)	-0.113 (0.0702)	-0.174** (0.0752)	-0.220*** (0.0767)	-0.00290 (0.0806)
受教育程度	-0.0191 (0.0684)	0.0498 (0.0607)	0.0748 (0.0665)	0.202*** (0.0704)	0.0429 (0.0717)
性别	-0.165 (0.114)	-0.0933 (0.103)	-0.0658 (0.112)	-0.226** (0.111)	-0.107 (0.118)
2008年家庭年收入	0.161** (0.0651)	0.212*** (0.0652)	0.246*** (0.0614)	0.0284 (0.0608)	0.249*** (0.0633)
2008年家庭年收入^2	-0.00940** (0.00472)	-0.0146*** (0.00539)	-0.0128*** (0.00426)	-0.000306 (0.00379)	-0.0125*** (0.00462)
年龄	0.422 (0.567)	-0.0544 (0.496)	-0.0825 (0.504)	-1.219*** (0.460)	0.101 (0.631)
年龄^2	-0.0449 (0.0483)	-0.00283 (0.0416)	0.00222 (0.0419)	0.0858** (0.0376)	-0.0278 (0.0525)
婚姻状态	0.236 (0.204)	-0.0934 (0.164)	-0.0860 (0.188)	0.224 (0.181)	-0.118 (0.196)

续表

变量	寿险	健康险	意外险	子女少儿险	分红险
经济形势预期	-0.0343 (0.0646)	0.0156 (0.0555)	-0.00473 (0.0632)	0.105* (0.0609)	-0.0627 (0.0689)
收入水平预期	-0.0433 (0.0617)	-0.0784 (0.0551)	-0.0807 (0.0617)	-0.0918 (0.0615)	-0.153** (0.0738)
房产数量	-0.0852 (0.131)	0.180* (0.109)	0.0282 (0.123)	-0.0599 (0.124)	0.0709 (0.126)
信任	-0.278** (0.130)	-0.193* (0.111)	-0.0386 (0.120)	-0.266** (0.125)	-0.0922 (0.131)
金融资产占比	0.300 (0.273)	-0.155 (0.276)	0.485* (0.289)	0.136 (0.297)	0.428 (0.282)
总资产	0.00250** (0.00104)	0.00218** (0.000922)	0.000581 (0.000831)	0.000893 (0.000875)	0.00195** (0.000942)
负债资产比	-0.347 (0.604)	-3.173 (2.096)	-0.213 (0.477)	-0.696 (1.271)	-2.230 (1.927)
医疗占比	0.474 (0.602)	0.813 (0.512)	0.783 (0.590)	0.717 (0.538)	0.747 (0.609)
Number of obs	1108	1108	1108	1108	1108
Pseudo R^2	0.08	0.08	0.09	0.13	0.10

注：***、**、*分别表示在 1%、5%和 10%的水平上显著；全部回归均为 probit 回归，为了结果的稳健性，所有回归均采用稳健标准差的回归结果。括号中的值为对应标准误。

由表 7-7 可知，未婚独生子女家庭与已婚独生子女家庭相比，购买三种人身保险的可能性都更高，但并不显著。未婚独生子女家庭比已婚独生子女家庭购买子女少儿险的可能性更小，且在 1%的水平上显著。分红险的回归结果虽不显著，但在我们的样本中，未婚独生子女家庭购买增值险的可能性更低。这样的回归结果证明，子女婚姻状态对商业保险的投保并没有实质性影响。虽然子女少儿险的购买在两类家庭结构中显著不同，且是未婚独生子女家庭的购买可能性更低，似乎违背常理，但经过深入分析我们发现，本书数据中子女未成年的独生子女家庭只占全部独生子女家庭的 5%，也就是说，本书研究的独生子女家庭对子女少儿险已基本没有需求，那么，是谁在买入这些子女少儿险呢？根据表 7-7 的回归结果，我们推测，子女未婚的独生子女家庭无论是父母还是子女都没有投保动机，唯一可能的投保者就是那些已经结婚生子的子女，他们为自己的子女购入了少儿险。由此可知，虽然这个回归结果非常显著，但对我们的研究并无实际意义。综上，我们可知，除了子女少儿险的购买情况与假设 4d 一致，其他回归结果不支持假设 4d 中的推论。

2. 子女性别的不同会造成家庭商业保险投保行为的不同吗

子女性别对家庭储蓄行为的影响在很多文献中都多有提及，本书在前三种的研究中也证实子女性别确实会对居民家庭的金融投资行为产生显著影响，所以本章在这一部分将对这一问题继续探索，研究独生子家庭与独生女家庭商业保险投保情况的不同，研究对应假设 5d。与前文一致，本部分共进行五次回归，回归方程由式（7.1）所示，解释变量 X 为独生子家庭，回归结果如表 7-8 所示。由回归结果可知，对五个险种的五次回归均不显著，子女性别对家庭商业保险购买并没有显著影响，不支持假设 5d 的推测。

表 7-8　与子女同住的家庭结构分类二的回归结果

变量	寿险	健康险	意外险	子女少儿险	分红险
独生子家庭	-0.0830 (0.103)	0.0112 (0.0976)	0.153 (0.108)	0.105 (0.103)	-0.0841 (0.108)
社保数量	0.116*** (0.0397)	0.0746** (0.0355)	0.146*** (0.0372)	0.127*** (0.0382)	0.00135 (0.0391)
风险态度	-0.0933 (0.0754)	-0.111 (0.0704)	-0.167** (0.0756)	-0.233*** (0.0742)	-0.00931 (0.0800)
受教育程度	-0.0192 (0.0676)	0.0543 (0.0604)	0.0835 (0.0664)	0.147** (0.0668)	0.0372 (0.0709)
性别	-0.166 (0.114)	-0.0916 (0.103)	-0.0589 (0.113)	-0.239** (0.107)	-0.106 (0.118)
2008 年家庭年收入	0.157** (0.0642)	0.205*** (0.0641)	0.238*** (0.0606)	0.0782 (0.0612)	0.253*** (0.0631)
2008 年家庭年收入^2	-0.00931** (0.00473)	-0.0141*** (0.00529)	-0.0122*** (0.00409)	-0.00246 (0.00407)	-0.0128*** (0.00470)

续表

变量	寿险	健康险	意外险	子女少儿险	分红险
年龄	0. 428 (0. 572)	−0. 0666 (0. 498)	−0. 135 (0. 507)	−0. 596 (0. 465)	0. 0957 (0. 629)
年龄^2	−0. 0464 (0. 0487)	−0. 00384 (0. 0416)	0. 00346 (0. 0421)	0. 0586 (0. 0383)	−0. 0258 (0. 0523)
婚姻状态	0. 240 (0. 202)	−0. 0835 (0. 164)	−0. 0697 (0. 186)	0. 116 (0. 176)	−0. 129 (0. 195)
经济形势预期	−0. 0350 (0. 0647)	0. 0156 (0. 0554)	−0. 00193 (0. 0627)	0. 106* (0. 0584)	−0. 0627 (0. 0689)
收入水平预期	−0. 0440 (0. 0620)	−0. 0783 (0. 0551)	−0. 0799 (0. 0616)	−0. 0784 (0. 0585)	−0. 154** (0. 0738)
房产数量	−0. 0851 (0. 131)	0. 173 (0. 108)	0. 0162 (0. 122)	−0. 00561 (0. 120)	0. 0785 (0. 125)
信任	−0. 274** (0. 130)	−0. 192* (0. 111)	−0. 0353 (0. 121)	−0. 302** (0. 120)	−0. 0894 (0. 129)
金融资产占比	0. 299 (0. 274)	−0. 145 (0. 276)	0. 509* (0. 288)	0. 0978 (0. 295)	0. 417 (0. 283)
总资产	0. 00259** (0. 00103)	0. 00223** (0. 000913)	0. 000575 (0. 000820)	0. 000331 (0. 000901)	0. 00196** (0. 000939)
负债资产比	−0. 364 (0. 653)	−3. 297 (2. 093)	−0. 227 (0. 476)	−0. 309 (0. 649)	−2. 143 (1. 971)
医疗占比	0. 450 (0. 601)	0. 803 (0. 514)	0. 793 (0. 587)	0. 883* (0. 522)	0. 722 (0. 603)
Number of obs	1108	1108	1108	1108	1108
Pseudo R^2	0. 08	0. 08	0. 09	0. 13	0. 10

注：***、**、*分别表示在 1%、5% 和 10% 的水平上显著；全部回归均为 probit 回归，为了结果的稳健性，所有回归均采用稳健标准差的回归结果。括号中的值为对应标准误。

3. 未婚独生子家庭与未婚独生女家庭的商业保险投保情况分析

通过前两部分对与子女同住家庭的分类研究，我们发现与其他金融产品不同，子女性别和婚姻状态对家庭商业保险购买都没有显著影响。那是否在未婚子女家庭中，男女性别不同会对家庭商业保险投保产生显著影响呢，我们通过这一部分的研究进行验证，研究对应假设 6d。与上文回归模型一致，通过 probit 模型对五个商业险种分别进行回归，回归方程如式 (7.1) 所示，被解释变量分别为寿险（家庭购买寿险为 1，没有为 0）、健康险（家庭购买健康险为 1，没有为 0）、意外险（家庭购买了意外险为 1，没有为 0）、子女少儿险（家庭为子女购买了少儿险为 1，没有为 0）、分红险（家庭购买分红险为 1，没有为 0），回归结果如表 7-9 所示。由回归结果可知，未婚独生子家庭与未婚独生女家庭的商业保险投保情况并没有显著不同，再次证明子女性别和婚姻状态不是影响家庭商业保险购买的重要因素，与假设 6d 不符。

表 7-9 与子女同住的家庭结构分类三的回归结果

变量	寿险	健康险	意外险	子女少儿险	分红险
未婚独生子家庭	-0.148 (0.117)	0.0214 (0.108)	0.124 (0.119)	-0.000570 (0.127)	-0.139 (0.125)
社保数量	0.1000** (0.0457)	0.0921** (0.0406)	0.177*** (0.0416)	0.143*** (0.0460)	-0.0298 (0.0444)
风险态度	-0.0243 (0.0883)	-0.170** (0.0842)	-0.193** (0.0869)	-0.208** (0.0984)	-0.0167 (0.0969)
受教育程度	-0.0478 (0.0774)	0.101 (0.0701)	0.151** (0.0767)	0.207** (0.0860)	-0.000995 (0.0807)
性别	-0.174 (0.128)	-0.0935 (0.117)	-0.0447 (0.126)	-0.203 (0.135)	-0.245* (0.132)
2008 年家庭年收入	0.186** (0.0737)	0.196*** (0.0682)	0.243*** (0.0707)	0.0699 (0.0776)	0.239*** (0.0701)
2008 年家庭年收入^2	-0.00968* (0.00553)	-0.0125** (0.00514)	-0.0120** (0.00490)	-0.00392 (0.00553)	-0.0115** (0.00512)

续表

变量	寿险	健康险	意外险	子女少儿险	分红险
年龄	0.809 (1.089)	−0.469 (0.991)	−1.038 (0.996)	−0.947 (1.315)	0.116 (1.177)
年龄^2	−0.0859 (0.101)	0.0408 (0.0912)	0.0901 (0.0921)	0.0466 (0.130)	−0.0318 (0.106)
婚姻状态	0.0917 (0.252)	0.0396 (0.224)	−0.288 (0.234)	0.477 (0.326)	0.188 (0.294)
经济形势预期	−0.0549 (0.0745)	−0.0266 (0.0643)	−0.0184 (0.0700)	−0.0163 (0.0828)	−0.0869 (0.0823)
收入水平预期	−0.112 (0.0754)	−0.0175 (0.0636)	−0.0625 (0.0699)	−0.0605 (0.0840)	−0.135 (0.0825)
房产数量	−0.0916 (0.162)	0.220 (0.134)	−0.0387 (0.155)	−4.28e−05 (0.167)	0.161 (0.150)
信任	−0.419*** (0.146)	−0.212* (0.127)	0.0180 (0.137)	−0.287* (0.152)	−0.0952 (0.152)
金融资产占比	0.198 (0.300)	0.0491 (0.317)	0.685** (0.333)	0.223 (0.393)	0.675** (0.308)
总资产	0.00272** (0.00113)	0.00187* (0.00106)	0.000317 (0.000958)	0.000394 (0.00105)	0.00229* (0.00118)
负债资产比	−0.279 (0.527)	−8.085*** (2.786)	−0.390 (0.834)	−0.0983 (0.335)	−3.806 (2.919)
医疗占比	1.071 (0.691)	0.731 (0.629)	1.066 (0.709)	0.826 (0.713)	1.128 (0.716)
Number of obs	846	846	846	846	846
Pseudo R^2	0.11	0.10	0.12	0.13	0.12

注：***、**、*分别表示在1%、5%和10%的水平上显著；全部回归均为probit回归，为了结果的稳健性，所有回归均采用稳健标准差的回归结果。括号中的值为对应标准误。

第四节　本章小结

本章运用中国国家统计局 2009 年“中国城镇居民经济状况与心态调查”的微观调查数据，探索了中国家庭结构与家庭商业保险投保的关系。

研究发现，家庭结构是影响中国居民家庭商业保险投保的重要因素。具体来说，三代同堂家庭寿险投保意愿显著低于独代居住家庭，但子女少儿险的购买意愿显著高于独代居住家庭，与假设 1d 不符。回归结果说明，在中国家庭中小孩受到的关注度和保护程度更高，家庭把有限的经济资源更多地运用到孩子的成长中。另外，与子女同住家庭的意外险和子女少儿险都显著高于独代居住家庭，家庭为了给子女提供稳定无忧的成长环境更加愿意参与商业保险，又与假设 1d 一致。在三种多代同住的家庭结构中，与子女同住家庭和三代同堂家庭相比，购买寿险和分红险的可能性更高，分别在 5%和 10%的程度上显著，与假设 2d 不符。一方面，与子女同住家庭的成员的平均年龄普遍小于三代同堂家庭，这些较年轻的家庭户主无论是精力还是金融知识都普遍高于三代同堂家庭，故而会更多投资于增值类保险产品。另一方面，三代同堂家庭的家庭压力要大于与子女同住家庭，家庭资产中可用于购买这类保险的份额有限，投资于分红险这种增值险种的可能性也更低。与子女同住家庭和与父母同住家庭相比，只有与子女同住家庭购买子女少儿险的可能显著高于与父母同住家庭，其他保险项目均不显著，不支持假设 3d 关于寿险及其他险种的推断。通过对与子女同住家庭的三种分类的研究，我们发现，子女性别和婚姻状态并不是影响家庭商业保险投保的重要因素，回归结果不支持假设 4d、假设 5d 和假设 6d。

第八章
结　论

第一节　研究总结

本书运用中国城镇居民家庭的微观调查数据，从家庭结构角度对中国居民家庭的金融行为进行了研究。本书家庭结构的分类在遵循反映家庭成员关系准则的基础上，着眼于代际共居对家庭金融行为带来的不同影响，全书主要研究独代居住家庭、与父母同住家庭、与子女同住家庭以及三代同堂家庭四种家庭结构。同时，由于与子女同住家庭是近年来我国占比较多的家庭结构，也是样本中比例最大的家庭结构，本书对与子女同住家庭进一步分类进行了研究。对家庭金融行为的研究主要包括家庭储蓄、风险资产投资、负债和商业保险投保四个方面，对四种家庭金融行为的测度主要包括是否参与和参与比率两个维度。研究发现，家庭结构确实是影响家庭金融行为的重要因素，主要结论如下。

一、代际共居家庭与独代居住家庭

本书研究发现，与独代居住家庭相比，代际共居家庭的负担更重，人均收入更少，家庭消费占比更多，导致家庭人均储蓄率和人均存款率都更低，投资风险资产的可能性和投资占比更低，家庭负债的可能性更高。在商业保险方面，与子女同住家庭购买意外险和子女少儿险的概率显著高于独代居住家庭，与父母同住家庭和独代居住家庭并没有显著差异。三代同堂家庭购买子女少儿险的概率同样显著高于独代居住家庭，但三代同堂家庭购买寿险的可能性反而显著低于独代居住家庭。中国家庭中小孩受到的关注度和保护程度相比老人更高，家庭把有限的经济资源更多地运用到孩子的成长中。

二、与父母同住家庭、与子女同住家庭和三代同堂家庭

两类两代共居家庭确实比三代同堂家庭持有更多的储蓄和银行存款，三代同堂家庭需要消费的资金比率更高。三种家庭结构间的负债情况并没有显著差别，无论是负债可能性还是负债程度的回归结果都不显著，三代同堂家庭并没有因为上有老下有小的居住状态而负债更多。除此之外，与父母同住家庭和三代同堂家庭在风险资产投资和商业保险投保策略方面也没有显著不同，两类家庭在金融资产配置方面没有明显区别。与子女同住家庭和三代同堂家庭相比，与子女同住家庭更倾向于投资风险资产，购买寿险、增值险和子女少儿险的可能性也更高。

三、与父母同住家庭和与子女同住家庭

实证结果证明，两种两代共居家庭间，无论是储蓄、风险资产投资还是负债都没有显著差异。与子女同住和与父母同住的不同结构并没有使家庭的经济压力和资产配置理念产生明显差异。唯一显著不同的是子女少儿险的购买情况，直观反映出家庭结构的不同，证明了数据的可靠性。

四、与子女同住家庭的分类研究

（1）子女未婚家庭和子女已婚家庭。

子女婚姻状态确实会显著影响家庭的金融行为。子女未婚家庭出于子女成长需要和子女婚姻驱动，比子女已婚家庭有更大的动力减少消费，追求资本增值。子女未婚家庭的人均储蓄率和风险资产投资率都更高。另外，由于房产价格近些年来持续飙升，购置婚房的成本越来越大，大量家庭开始为了购置婚房而负债，因此已婚子女家庭负债的可能性和负债程度都高于子女未婚家庭。另外，已婚子女家庭出于资本增值而负债的可能性和负债程度也更高。

（2）男性子孙家庭和女性子孙家庭。

中国传统文化对男性子孙的重视程度远远超过女性子孙，男性子孙从家庭中得到的经济支持往往比女性子孙多。就结婚来说，大多数中国家庭依然持有男性家庭承担大多数经济负责任的思想，所以男性子孙家庭无论

是财富增长的动力还是经济负担都大于女性子孙家庭。我们的研究结果显示，在我国现阶段，男性子孙家庭的负担远远超过女性子孙家庭，无论是负债可能还是负债程度，男性子孙家庭都显著高于女性子孙家庭，尤其是因房产而产生的负债。另外，男性子孙家庭投资于风险资产的资金比率也比女性子孙家庭更低。

（3）男性子孙未婚家庭和女性子孙未婚家庭。

在子女未婚的家庭中，男女性别差异对家庭金融行为的影响存在显著不同。相比未婚女性子孙家庭，未婚男性子孙家庭消费更多，家庭留有储蓄的可能性更低。在负债方面，相比未婚女性子孙家庭，未婚男性子孙家庭负债的可能性更高，负债程度也更深，因房产而负债的概率和负债比率都显著高于未婚女性子孙家庭，同时未婚男性子孙家庭向银行贷款的可能性也明显高于未婚女性子孙家庭。

第二节　研究不足

本书运用中国国家统计局 2009 年“中国城镇居民经济状况与心态调查”的微观调查数据，从家庭结构角度对家庭金融行为进行了研究。在研究之初，除了本书样本数据外，笔者还收集了北京奥尔多投资咨询中心 2012 年进行的“中国城镇居民经济状况与心态调查”的数据，由北京大学主持的中国家庭追踪调查（CFPS）中 2010 年、2011 年及 2012 年的调查数据，以及由西南财经大学主持的中国家庭动态跟踪调查 2012 年的数据。但在研究过程中，由于本书对家庭结构的划分相对复杂，需要准确把握家庭成员的相关信息，最终在处理完样本数据后发现，只有 2009 年的“中国城镇居民经济状况与心态调查”数据能够支撑本书研究，样本数据略显陈旧。

另外，本书模型设定方面的内生性问题仍需深入分析，由于能够恰当反映家庭结构的工具变量较难获得，对研究造成了限制，如果能够找到合适的工具变量进一步研究，研究会更加有效。

参考文献

［1］陈斌开，李涛. 中国城镇居民家庭资产——负债现状与成因研究［J］. 经济研究，2011（1）：55-79.

［2］陈彦斌，邱哲圣. 高房价如何影响居民储蓄率和财产不平等［J］. 经济研究，2011（10）：25-38.

［3］程令国，张晔. 早年的饥荒经历影响了人们的储蓄行为吗？——对我国居民高储蓄率的一个新解释［J］. 经济研究，2011（8）：119-132.

［4］樊纲治，王宏扬. 家庭人口结构与家庭商业人身保险需求——基于中国家庭金融调查（CHFS）数据的实证研究［J］. 金融研究，2015（7）：170-189.

［5］郭琳. 家庭结构对金融资产影响的实证研究［J］. 改革与战略，2013（12）：62-68.

［6］甘犁，尹志超，贾男，徐舒，马双. 中国家庭金融调查报告 2012［M］. 成都：西南财经大学出版社，2012.

［7］胡振，杨华磊，臧日宏. 家庭负债异质性与影响因素解析：中国的微观证据［J］. 商业经济与管理，2015（9）：67-75.

［8］胡枫，陈玉宇. 社会网络与农户借贷行为——来自中国家庭动态跟踪调查（CFPS）的证据［J］. 金融研究，2012（12）：178-192.

［9］胡翠，许召元. 人口老龄化对储蓄率影响的实证研究——来自中国家庭的数据［J］. 经济学（季刊），2014（4）：1345-1364.

［10］何丽芬，吴卫星，徐芊. 中国家庭负债状况、结构及其影响因素分析［J］. 华中师范大学学报（人文社会科学版），2012（1）：59-68.

［11］李蕾，吴斌珍. 家庭结构与储蓄率 U 型之谜［J］. 经济研究，2014（S1）：44-54.

［12］李雅君，李志冰，董俊华，吴卫星. 风险态度对中国家庭投资分散化的影响研究［J］. 财贸经济，2015（7）：150-160.

［13］李岩，兰庆高，赵翠霞. 农户贷款行为的发展规律及其影响因

素——基于山东省 573 户农户 6 年追踪数据 [J]. 南开经济研究，2014(1)：134-145.

[14] 李涛，王志芳，王海港，谭松涛. 中国城市居民的金融受排斥状况研究 [J]. 经济研究，2010 (7)：15-30.

[15] 李涛，郭杰. 风险态度与股票投资 [J]. 经济研究，2009 (2)：56-67.

[16] 李涛. 社会互动、信任与股市参与 [J]. 经济研究，2006 (1)：34-45.

[17] 李涛. 社会互动与投资选择 [J]. 经济研究，2006 (8)：45-57.

[18] 李雪松，黄彦彦. 房价上涨、多套房决策与中国城镇居民储蓄率 [J]. 经济研究，2015 (9)：100-113.

[19] 刘生龙，胡鞍钢，郎晓娟. 预期寿命与中国家庭储蓄 [J]. 经济研究，2012 (8)：107-117.

[20] 刘晓欣，周弘. 家庭个体特征对居民借款行为的影响 [J]. 金融研究，2012 (1)：154-166.

[21] 刘钰琼，武世杰. 中国城镇家庭寿险需求影响因素的实证分析 [J]. 经济研究导刊，2012 (31)：69-99.

[22] 马树才，宋琪，付云鹏. 中国人口年龄结构变动对居民内生储蓄的影响研究 [J]. 中国人口科学，2015 (6)：56-68.

[23] 秦建群，秦建国，吕忠伟. 农户信贷渠道选择行为：中国农村的实证研究 [J]. 财贸经济，2011 (9)：55-62.

[24] 孙祁祥，王向楠. 家庭财务脆弱性、资产组合与人寿保险需求：指标改进和两部回归分析 [J]. 保险研究，2013 (6)：23-34.

[25] 王跃生. 中国城乡家庭结构变动分析——基于 2010 年人口普查数据 [J]. 中国社会科学，2013 (12)：60-77.

[26] 吴卫星，徐芊，白晓辉. 中国居民家庭负债决策的群体差异比较研究 [J]. 财经研究，2013 (3)：19-29.

[27] 吴卫星. 中国家庭金融研究报告（2012—2013）[M]. 北京：对外经济贸易大学出版社，2013.

[28] 吴卫星，齐天翔. 中国家庭金融研究报告（2009—2010）[M]. 北京：对外经济贸易大学出版社，2011.

[29] 吴卫星，易尽然，郑建明. 中国居民家庭投资结构：基于生命周期、财富和住房的实证分析 [J]. 经济研究，2010 (S1)：72-82.

[30] 吴卫星，沈涛，董俊华，牛堃. 投资期限与居民家庭股票市场

参与——基于微观调查数据的实证分析 [J]. 国际金融研究，2014 (12)：68-76.

[31] 吴卫星，荣苹果，徐芊. 健康与家庭资产选择 [J]. 经济研究，2011 (S1)：43-54.

[32] 吴卫星，沈涛. 学历的年代效应与股票市场投资者参与 [J]. 金融研究，2015 (8)：175-190.

[33] 王琎，吴卫星. 婚姻对家庭风险资产参与的影响 [C] //南开大学金融发展研究院. 首届中国金融发展学术论坛论文集. 2013.

[34] 王妍. 居民家庭金融资产管理的国际比较 [J]. 北方经济，2009 (24)：40-41.

[35] 王江，廖理，张金宝. 消费金融研究综述 [J]. 经济研究，2010 (S1)：5-29.

[36] 谢勇. 中国城镇居民储蓄率的影响因素研究 [J]. 浙江社会科学，2011 (4)：25-33，155-156.

[37] 杨汝岱、陈斌开. 高等教育改革、预防性储蓄与居民消费行为 [J]. 经济研究，2009 (8)：113-124.

[38] 尹志超，宋全云，吴雨. 金融知识、投资经验与家庭资产选择 [J]. 经济研究，2014 (4)：62-75.

[39] 尹志超，吴雨，甘犁. 金融可得性、金融市场参与和家庭资产选择 [J]. 经济研究，2015 (3)：87-99.

[40] 赵燕. 当前我国家庭金融资产选择行为的特征及其优化路径 [J]. 金融发展研究，2009 (12)：25-28.

[41] 张冲. 中国人口结构对人身保险市场发展的影响研究 [J]. 保险研究，2013 (4)：63-70.

[42] 周铭山，孙磊，刘玉珍. 社会互动、相对财富关注及股市参与 [J]. 金融研究，2011 (2)：172-184.

[43] 邹红，喻开志. 我国城镇居民家庭的金融资产选择特征分析——基于6个城市家庭的调查数据 [J]. 工业技术经济，2009 (5)：19-22.

[44] 张莹，肖海峰. 农牧户借贷渠道偏好及影响因素的实证分析——基于内蒙古、甘肃、青海、河北4省区236份调查问卷的分析 [J]. 农村经济与科技，2015，26 (12)：126-129.

[45] 朱光伟，杜在超，张林. 关系、股市参与和股市回报 [J]. 经济研究，2014 (11)：87-101.

[46] Abel, A. B. Asset Prices under Habit Formation and Catching Up

with the Joneses [J]. American Economic Review, 1990 (80): 38-42.

[47] Abhijit, Banerjee, Xin Meng, Nancy Qian. The Life Cycle Model and Household Savings: Micro Evidence from Urban China [C] //北京大学金融发展研究院. 2012 中国金融市场研讨会论文集. 2012.

[48] Achury, C., Hubar, S., Koulovatianos, C. Saving Rates and Portfolio Choice with Subsistence Consumption [J]. Review of Economic Dynamics, 2012 (15): 108-126.

[49] Adam, F., Ronc˘evic´, B. Social Capital: Recent Debates and Research Trends [J]. Social Science Information, 2005, 42 (2): 155-183.

[50] Aiyagari, S. R. Uninsured Idiosyncratic Risk and Aggregate Saving [J]. Quarterly Journal of Economics, 1994 (109): 659-684.

[51] Anderson, D. R., J. R. Nevin. Determinants of Young Marrieds´ Life Insurance Purchasing Behavior: An Empirical Investigation [J]. Journal of Risk and Insurance, 1975 (42): 375-387.

[52] Ang, A., Bekaert, G., Liu, J. Why Stocks may Disappoint [J]. Journal of Financial Economics, 2005, 76 (3): 471-508.

[53] Auerbach, A. T., L. J. Kotlikoff. How Rational is the Purchase of Life Insurance? [Z]. National Bureau of Economic Research, Working paper no. 3063, 1989.

[54] Attanasio, O. P., Weber, G. Intertemporal Substitution, Risk Aversion and the Euler Equation for Consumption [J]. The Economic Journal, 1989 (99): 59-73.

[55] Barber, B. M., Odean, T. Boys will be boys: Gender, overconfidence, and common stock investment [J]. The Quarterly Journal of Economics, 2001, 116 (1): 261-292.

[56] Barberis, Nicholas, Ming Huang, Richard Thaler. Individual Preferences, Monetary Gambles and Stock Market Participation: A Case for Narrow Framing [J]. American Economic Review, 2006, 96 (4): 1069-1090.

[57] Barberis, Nicholas, Ming Huang. Stocks as Lotteries: the Implications of Probability Weighting for Security Prices [J]. American Economic Review, 2008 (98): 2066-2100.

[58] Barasinska, N., Schafer, D., Stephan, A. Individual Risk Attitudes and the Composition of Financial Portfolios: Evidence from German household portfolios [J]. The Quarterly Review of Economics and Finance,

2012, 52 (1): 1-14.

[59] Blume, M. E., Friend, I. The Asset Structure of Individual Portfolios and Some Implications for Utility Functions [J]. Journal of Finance, 1975, 30 (2): 585-603.

[60] Borsch-Supan, A., Eymann, A. Household portfolios in Germany [Z]. Institut für Volkswirtschaftslehre and Statistik, University Mannheim, Discussion Paper, 603-01, 2000.

[61] Browns, Tayloy K., Household Debt and Financial Assets. Evidence from Germany, Great Britain and the USA [J]. Royal Statistical Society, 2008, 171 (3): 615-643.

[62] Calvet, L. E., Sodini, P. Twin picks: Disentangling the determinants of risk taking in household Portfolios [J]. Social Science Electronic Publishing, 2010, 69 (2): 867-906.

[63] Campbell, J. Y. Household finance [J]. Journal of Finance, 2006, 61 (4): 1553-1604.

[64] Campbell, J. Y., Chan, Y. L., Viceira, L. M. A multivariate model of strategic asset allocation [J]. Journal of Financial Economics, 2003, 67 (1): 41-80.

[65] Campbell, J. Y. Asset Prices, Consumption, and the Business Cycle [M] //In Taylor, John B. and Michael Woodford (Eds.), Handbook of macroeconomics. Amsterdam: North Holland Press, 1999.

[66] Campbell, J. Y. Asset Pricing at the Millennium [J]. The Journal of Finance, 2000, 55 (4): 1515-1567.

[67] Campbell, J. Y., Cochrane, J. H. By Force of Habit: A Consumption-Based Explanation of Aggregate Stock Market [J]. Journal of Political Economy, 1999, 107 (2): 205-251.

[68] Campbell, J. Y. Intertemporal Asset Pricing without Consumption Data [J]. American Economic Review, 1993, (83): 487-512.

[69] Campbell, J. Y., Shiller, R. J. The Dividend-Price Ratio and Expectations of Future Dividends and Discount Factors [J]. Review of financial studies, 1988, 1 (3): 195-228.

[70] Campbell, J. Y. Understanding Risk and Return [J]. Journal of Political Economy, 1996, 104 (2): 298-345.

[71] Campbell, J. Y., Viceira, L. M. Strategic Asset Allocation: Port-

folio Choice for Long - Term Investors [M]. Oxford: Oxford University Press, 2002.

[72] Campbell, J. Y., Viceira, L. M. Consumption and Portfolio Decisions When Expected Returns are Time Varying [J]. Quarterly Journal of Economics, 1999, 114 (2): 433-495.

[73] Campbell, J. Y., Viceira, L. M. Who Should Buy Long - Term Bonds? [J]. American Economic Review, 2001, 91 (1): 99-127.

[74] Campbell, J. Y., Chan, Y. L., Viceira, L. M. A multivariate Model of Strategic Asset Allocation [J]. Journal of Financial Economics, 2003, 67 (1): 41-80.

[75] Chamon, Macros, Eswar Prasad. Why Are Saving Rates of Urban Households in China Rising? [J]. American Economic Journal: Macroeconomics, 2010, 2 (1): 93-130.

[76] Crook, J., Hochguertel, S. Household Debt and Credit Constraints: Comparative Micro Evidence from Four OECD Countries [Z]. Working Paper, 2005.

[77] Dai, Q., Singleton, K. J. Specification Analysis of Affine Term Structure Models [J]. Journal of Finance, 2000 (55): 1943-1978.

[78] Dammon, R. M., Spatt, C. S., Zhang, H. Optimal Consumption and Investment with Capital Gains Taxes [J]. Review of Financial Studies, 2001, 14 (3): 583-616.

[79] DeJong, D. N., Dave, C. Structural Macroeconometrics [M]. Princeton: Princeton University Press, 2011.

[80] Den Haan, W. J., Andrew T. L. Robust Covariance Matrix Estimation with Data Dependent VAR Prewhitening Order [Z]. NBER Technical Working paper No. 255, 2000.

[81] Dohmen, T., Falk, A., Huffman, D., Sunde, U., Schupp, J., Wagner, G. Individual Risk Attitudes: New Evidence from a Large, Representative, Experimentally - Validated Survey [Z]. IZA Discussion Paper No. 1730, 2005.

[82] Diamond, P. A. National Debt in a Neoclassical Growth Model [J]. American Economic Review, 1965, 55 (5): 1126-1150.

[83] Duker, J. M. Expenditures for Life Insurance Among Working-Wife Families [J]. Journal of Risk and Insurance, 1969 (36): 525-533.

[84] Engle, R. F., Lilien, D. M., Robins, R. P. Estimating Time Varying Risk Premia in the Term Structure: the ARCH-M Model [J]. Econometrica, 1987 (55): 391-407.

[85] Epstein, L. G., Zin, S. E. Substitution, Risk Aversion, and the Temporal Behavior of Consumption and Asset Returns: A Theoretical Framework [J]. Econometrica, 1989 (57): 937-969.

[86] Epstein, L. G., Zin, S. E. Substitution, Risk Aversion, and the Temporal Behavior of Consumption and Asset Returns: An Empirical Analysis [J]. Journal of Political Economy, 1991 (99): 263-286.

[87] Fama, E. F., French, K. R. Common Risk Factors in the Returns on Stocks and Bonds [J]. Journal of Financial Economics, 1993 (33): 3-56.

[88] Fabbri, D., Padula, M. Does Poor Legal Enforcement Make Households Credit-constrained? [J]. Journal of Banking and Finance, 2004 (28): 2369-2397.

[89] Ferber, R., L. C. Lee. Acquisition and Accumulation of Life Insurance in Early Married Life [J]. Journal of Risk and Insurance, 1980 (47): 713-734.

[90] Goldsmith, A. Household Life Cycle Protection: Human Capital Versus Life Insurance [J]. Journal of Risk and Insurance, 1983 (50): 33-44.

[91] Gomes, F, Michaelides, A. Optimal Life-Cycle Asset Allocation: Understanding the Empirical Evidence [J]. The Journal of Finance, 2005, 60 (2): 869-904.

[92] Gomes, F, Michaelides, A. Portfolio Choice with Internal Habit Formation: A Life-Cycle Model with Uninsurable Labor Income Risk [J]. Review of Economic Dynamics, 2003, 6 (4): 729-766.

[93] Goetzmann, W. N., Lingfeng, L., Rouwenhorst, K. G. Long-term Global Market Correlations [J]. Journal of Business, 2005, 78 (1): 1-38.

[94] Guiso, L., Jappelli, T. Household Portfolios in Italy, Household Portfolios [M]. Cambridge: MIT Press, 2002.

[95] Guiso, L., Sapienza, P., Zingales, L. The Role of Social Capital in Financial Development [J]. American Economic Review, 2004 (94): 526-556.

[96] Guiso, L., Sapienza, P., Zingales, L. Trusting the Stock Market [J]. The Journal of Finance, 2008, 63 (6): 2557-2600.

[97] Guiso, L., Jappelli, T., Terlizzese, D. Income Risk, Borrowing

Constraints, and Portfolio Choice [J]. American Economic Review, 1996, 86 (1): 158-172.

[98] Hammond, J. D., D. B. Houston, E. R. Melander. Determinants of Household Life Insurance Premium Expenditures: An Empirical Investigation [J]. Journal of Risk and Insurance, 1967, 34 (3): 397-408.

[99] Hayashi, Fumio. Why is Japan' s Saving Rate So Apparently High? [J]. NBER Macroeconomics Annual, 1986 (1): 147-210.

[100] Hansen, L. P. Large Sample Properties of Generalized Method of Moments Estimators [J]. Econometrica, 1982 (50): 1029-1054.

[101] Hansen, L. P., Singleton, K. J. Generalized Instrumental Variables Estimation of Nonlinear Rational Expectations Models [J]. Econometrica, 1982 (50): 1269-1286.

[102] Harmo, Y., Masulis, R. W. Correlations in Price Changes and Volatility across International Stock Markets [J]. Review of Financial Studies, 1990 (3): 281-307.

[103] Hasseltoft, H. Stocks, Bonds, and Long-Run Consumption Risks [J]. Journal of Financial and Quantitative Analysis, 2012 (47): 309-332.

[104] Heckman, J. J., E. J. Vylacil. Econometric Evaluation of Social Programs, Part I: Causal Models, Structural Models and Econometric Policy Evaluation [Z]. Handbook of Econometrics, 2007.

[105] Heath, C., Tversky, A. Preference and Belief: Ambiguity and Competence in Choice under Uncertainty [J]. Journal of Risk and Uncertainty, 1991 (4): 5-28.

[106] Heaton, J., Lucas, D. Portfolio Choice and Asset Prices: The Importance of Entrepreneurial Risk [J]. The Journal of Finance,, 2000, 55 (3): 1163-1198.

[107] Heer, B., Maussner, A. Dynamic General Equilibrium Modeling: Computational Methods and Applications [EB/OL]. Springer Science & Business Media, https://doi. org/10. 1007/978-3-540-85685-6? nosfx=y, 2009.

[108] Hong, H., Kubik, J. D., Stein, J. C. Social Interaction and Stock Market Participation [J]. The Journal of Finance, 2004, 59 (1): 137-163.

[109] Hong, H., J. Scheinkman, W. Xiong. Asset Float and Speculative Bubbles [J]. Journal of Finance, 2006 (61): 1073-1117.

[110] Horioka, C. Y., J. Wan. The Determinants of Household Saving in China: a Dynamic Panel Analysis of Provincial Data [J]. Journal of Money, Credit and Banking, 2006, 39 (8): 2077-2096.

[111] Hu, X. Portfolio Choices for Homeowners [J]. Journal of Urban Economics, 2005, 58 (1): 114-136.

[112] Huggett, M. The Risk-Free Rate in Heterogeneous-Agent Incomplete-Insurance Economies [J]. Journal of Economic Dynamics and Control, 1993 (17): 953-969.

[113] Imrohoruglu, A. Cost of Business Cycles with Indivisibilities and Liquidity Constraints [J]. Journal of Political Economy, 1989, 97 (6): 1364, 1383.

[114] Jacobsen, D. H. What Influences the Growth of Household Debt? [J]. Economic Bulletn, 2004, (Q3): 103-111.

[115] Jin, H., Zhou, X. Y. Behavioral Portfolio Selection in Continuous Time [J]. Mathematical Finance, 2008, 18 (3): 385-426.

[116] Kraay, A. Household Saving in China [J]. World Bank Economic Review, 2000, 14 (3): 545-570.

[117] Keynes, J. M. The General Theory of Employment, Interest and Money [Z]. The University of Adelaide Library Electronic Texts Collection, 1936.

[118] Kelly, M. All Their Eggs in one Basket: Portfolio diversification of U. S. households [J]. Journal of Economic Behavior & Organization, 1995, 27 (1): 87-96.

[119] King, M., Leape, J. Asset accumulation, information and the life cycle [Z]. NBER Working Paper, Vol. 2392, 1987.

[120] King, M. A., Leape, J. Wealth and Portfolio Composition: Theory and Evidence [J]. Journal of Public Economics, 1998, 69 (2): 155-193.

[121] King, R. G., Plosser, C. I. Money, Credit, and Prices in a Real Business Cycle [J]. American Economic Review, 1984, 74 (3): 363-380.

[122] King, R. G., Plosser, C. I., Rebelo, S. T. Production, Growth and Business Cycles: I. the Basic Neoclassical Model [J]. Journal of Monetary Economics, 1988 (21): 195-232.

[123] Lucas, R. E. Asset Prices in an Exchange Economy [J]. Econometrica, 1978, 46 (6): 1429-1445.

[124] Lucas, R. E. Models of Business Cycles [M]. Oxford: Basil Blackwell, 1987.

[125] Love, D. A. The Effect of Marital Status on Savings and Portfolio Choice [J]. Review of Financial Studies, 2010, 23 (1): 385-432.

[126] Maddala, G. S. Limited-dependent and Qualitative Variables in Econometrics [M]. Cambridge: Cambridge University Press, 1983.

[127] Mankiw, N. G., Zeldes, S. P. The Consumption of Stockholders and Nonstockholders [J]. Journal of Financial Economics, 1991 (29): 97-112.

[128] Markowitz, H. Portfolio Selection [J]. The Journal of Finance, 1952, 7 (1): 77-91.

[129] Mayers, D. Nonmarketable Asset and the Determination of Capital Asset Prices in the Absence of Riskless Asset [J]. Journal of Business, 1973, 46 (2): 258-267.

[130] Mehra, R., Prescott, E. C. The Equity Premium: A Puzzle [J]. Journal of Monetary Economics, 1985, 15 (2): 145-161.

[131] Merton, R. C. Lifetime Portfolio Selection under Uncertainty: The Continuous-Time Case [J]. Review of Economics and Statistics, 1969, 51 (3): 247-257.

[132] Merton, R. C. Optimum Consumption and Portfolio Rules in a Continuous-Time Model [J]. Journal of Economic Theory, 1971, 3 (4): 373-413.

[133] Modigliani, F. The Life Cycle Hypothesis of Saving and Intercountry Differences in th Saving Ratio [M] //In Eltis, W. A., Scott, M. F. G., Wolfe, J. N. Induction, Growth and Trade: Essays in Honour of Sir Roy Harrod. Oxford: Clarendon Press, 1970.

[134] Modigliani, F., R. Brumberg. Utility Analysis and the Consumption Function: An Interpretation of Cross-Section Data [J]. Journal of Post Keynesian Ecnomics, 1954.

[135] Miller, M. A. Age-Related Reductions in Workers'Life Insurance [J]. Monthly Labor Review, 1985 (September): 29-34.

[136] Parker, J. A., Julliard, C. Consumption Risk and the Cross Section of Expected Returns [J]. Journal of Political Economy, 2005, 113 (1): 185-222.

[137] Pelizzon, L., Weber, G. Efficient Portfolios When Housing Needs Change over the Life Cycle [J]. Journal of Banking and Finance, 2009, 33

(11): 2110-2121.

[138] Putnam, R. D. Making democracy work: Civic Traditions in Modern Italy [M]. Princeton: Princeton University Press, 1993.

[139] Rosenzweig, Mark, Junsen Zhang. Co-residence, Life-Cycle Saving and Inter-Generational Support in Urban China [Z]. Yale University Economic Growth Center Discussion Paper No. 1039, 2014.

[140] Rosen, H. S., Wu, S. Portfolio Choice and Health Status [J]. Journal of FinancialEconomics, 2004 (72): 457-484.

[141] Roche, H., Tompaidis, S., Yang, C. Why Does Junior Put all His Eggs in One Basket? A Potential Rational Explanation for Holding Concentrated Portfolios [J]. Journal of Financial Economics, 2013, 109 (3): 775-796.

[142] Ruggles, Steven, Misty Heggeness. Intergenerational Coresidence in Developing Countries [J]. Population and Development Review, 2008, 34 (2): 253-281.

[143] Samuelson, P. A. Lifetime Portfolio Selection by Dynamic Stochastic Programming [J]. The Review of Economics and Statistics, 1969, 51 (3): 239-246.

[144] Schroder, M., Skiadas, C. Optimal Consumption and Portfolio Selection with Stochastic Differential Utility [J]. Journal of Economic Theory, 1999, 89 (1): 68-126.

[145] Semmler, W., Grüne, L., Öhrlein, C. Dynamic Consumption and Portfolio Decisions with Time Varying Asset Returns [J]. The Journal of Wealth Management, 2009, 12 (2): 21-47.

[146] Shefrin, H., Statman, M. Behavioral Portfolio Theory [J]. Journal of Financial and Quantitative Analysis, 2000, 35 (2): 127-151.

[147] Showers, V. E., J. A. Shotick. The Effects of Household Characteristics on Demand for Insurance: A Tobit Analysis [J]. Journal of Risk and Insurance, 1994 (61): 492-502.

[148] Taylor, S. J. Modelling Financial Time Series [M]. John Wiley and Sons, Chichester, 1986.

[149] Tobin, J. Liquidity Preference as Behavior towards Risk [J]. The Review of Economic Studies, 1958 (25): 65-86.

[150] Tracy, J., Schneider, H., Chan, S. Are Stocks Overtaking Real Estate in Household Portfolios? [J]. Federal Reserve Bank of New York Current

Issues in Economics and Finance, 1999, 5 (5): 1-6.

[151] Viceira, L. M. Optimal Portfolio Choice for Long - Horizon Investors with Nontradable Labor Income [J]. The Journal of Finance, 2001, 56 (2): 433-470.

[152] Vickil, B., Angela, R. Portfolio Choice and Mental Health [J]. Review of Finance, 2003 (17): 995-992.

[153] Vila, J. L., Zariphopoulou, T. Optimal Consumption and Portfolio Choice with Borrowing Constraints [J]. Journal of Economic Theory, 1997, 77 (2): 402-431.

[154] Vissing-Jorgensen, A., Attanasio, O. P. Stock Market Participation, Intertemp oral Substitution and Risk Aversion [J]. American Economic Review, 2003 (93): 383-391.

[155] Wachter, J. A. A Consumption—Based Model of the Term Structure of Interest Rates [J]. Journal of Financial economics, 2006, 79 (2): 365-399.

[156] Wachter, J. A., Yogo, M. Why Do Household Portfolio Shares Rise in Wealth? [J]. Review of Financial Studies, 2010, 23 (11): 3929-3965.

[157] Weil, P. The Equity Premium Puzzle and the Risk - Free Rate Puzzle [J]. Journal of Monetary Economics, 1989, 24 (3): 401-421.

[158] Wei Shang-Jin, Xiaobo Zhang. The Competitive Saving Motive: Evidence from Rising Sex Ratios and Savings Rates in China [J]. Journal of Political Economy, 2011, 119 (3): 511-564.

[159] Worthington, A. C. Debt as a Source of Financial Stress in Australianhouseholds [J]. International Journal of Consumer Studies, 2006 (30): 12-15.

[160] Yang, W. Long-Run Risk in Durable Consumption [J]. Journal of Financial Economics, 2011, 102 (1): 45-61.

[161] Yao, R., Zhang, H. H. Optimal Consumption and Portfolio Choices with Risky Housing and Borrowing Constraints [J]. Review of Financial Studies, 2005, 18 (1): 197-239.

[162] Yogo, M. A Consumption-Based Explanation of Expected Stock Returns [J]. Journal of Finance, 2006 (61): 539-580.

后　记

活到现在，才真的开始体会到什么是时光飞逝。转眼博士毕业也已经四年了，现在再一次看着这本书里的每一个字，博士生活的点点滴滴一下子全部涌了上来。过去的一切都还清晰，校园里绿绿的草地，宿舍窗外的那棵大树，湖里可爱的小鸭子，即使我现在已经身处另一个城市，但在内心深处，它们依然陪伴着我。还记得第一次来到贸大金融学院跟吴老师报到，天气刚开始热起来，我穿着一件墨绿色长上衣，阳光照得我的眼睛有些睁不开，同样睁不开的还有我的心情，忐忑、紧张，直到离开的时候还是心事重重，怕在今后的日子里担不住老师的期望，担不住自己的期望。还好，一切都过来了，而且是以一种荣耀的方式，感谢人生金灿灿的四年能够这样度过。

在这本书的写作过程中，不得不提到我的导师——吴卫星教授。能够成为吴老师的学生是件令我毕生骄傲的事，我一直都非常感恩命运的慷慨，让我碰到了这样一位卓越的老师。吴老师的专业能力与敬业精神毋庸置疑，与此同时，他更是一个善良宽厚的人。在四年的相处中，他渊博的学识和谦逊的态度为我树立了做人的榜样，他对学术和教育事业的热爱和执着让我看到了一位教授真正该有的态度。在攻读博士学位期间，每当我遇到困难，无论是学习中的还是生活中的，吴老师都会给予我最大的宽慰、鼓励和帮助。可以这么说，在这四年的学习生活中，如果没有吴老师的教导，我是很难如此顺利地完成博士学业的。所以，感恩我亲爱的吴老师，在今后的学习生活中，我也将继续努力，希望能够传承您的勤勉、坚韧，做一个像您一样正直、明朗、温暖的人！

另外，我还要感谢我各位亲爱的朋友们，是你们的陪伴和守护让我四年的博士生活更加丰富有趣，也让所有脆弱和伤感的时刻没那么难熬，一想起你们，欢笑声就会环绕在我的周围，一切都开始明朗温暖起来。感恩生命中有你们，希望我们能相伴走过更多的美好！

最后我要特别感谢我的家人。就像我在论文中对家的论述一样，家是我的根，是我最初和最后的庇护所，我拥有的一切都是因为你们，我所盼望的一切里都有你们，对你们的恩情和爱只能用一生的时间去书写，永远爱你们！

李雅君

2020 年 5 月